虐待をこえて、生きる

~負の連鎖を断ち切る力~

内田 伸子
見上 まり子 著

新曜社

まえがき

現代社会は、子育て環境が非常に悪くなっています。親が子育てに孤軍奮闘している姿があっても、子育ては親の責任とばかり、社会の人々の目は冷たくなっています。そもそも、かつてあった子育て中の親を支えるコミュニティ（生活共同体）が崩壊し、社会全体の育児機能が低下しています。児童虐待の事件も毎日のように報道されています。児童相談所が介入した重大な事例ばかりの「虐待処理件数」は、統計をとりはじめた一九九〇年から十年間は一千件～数千件台でしたが、二〇〇〇年代になって急増し、二〇〇八年には四万二六六二件にものぼっています。虐待処理件数は、毎年、最多更新を続けているのです。

家庭への児童相談所の介入というい わば、大人の側からの統計量から、まず、虐待の被害を受けた子どもはどうなってしまうのかが気になります。また虐待する親はどういう人なのか、虐待家族を生み出してしまう私たちの社会の問題が見えてきます。この状況を何とかしなくてはいけないという思いを抱く方は、大勢おられると思います。

私は戦後すぐに生まれた世代で、戦後の貧しい暮らしの中で子ども時代を過ごしました。あの恐ろしい戦争を経験した後の現在も、世界ではいっこうに戦争はなくなる気配はなく、戦禍で親やきょうだいをなくし、重い障碍に苦しんでいる子どもたちがいることに深い悲しみや痛みを覚えます。

戦後の貧しさが夢の彼方になった今、ものはあふれ、お昼のパンにも事欠く暮らしはなくなりました。今は、子どもが少なくなり、子どもにとっては豊かな環境になっているはずなのに、実状は逆で、子どもの育つ環境は、子どもにとって決して幸せなものではないように感じられてなりません。

「子どものため」を錦の御旗に掲げて、早期教育に子どもを駆り立てる母親、子どもを自分の思い通りに支配しようと、子どもに手をあげると止められなくなってしまう母親や父親たち。こうした状況は、子どもに接する人々の子どもの生理や心理の発達に対する無理解から引き起こされているのではないかと思います。

しかし、これはひとり親の問題というわけではなく、私たちの暮らし方、私たちを取りまく文化や社会システムの中での暮らし方に存在する問題を反映しているのではないかと思います。大人たちが日々をどう生きているのか、子どもが親になったとき、その生き方やふるまい方を、また、そのふるまい方の背後にある価値観を、そっくり受け継いでしまうでしょう。

日本は二〇〇〇年代にこれまでにない経済低成長の時代になり、経済格差はますます拡大しています。私たちは、家族、環境問題、教育など、かつてないほどの複雑な問題に直面しています。〝学力格差は家庭の経済格差を反映している〟〝東大生の親が最も経済的に豊かな層である〟などの言説がマスコミで取り上げられています。実際、お茶の水女子大学副学長の耳塚寛明先生をはじめとして、多くの教育社会学者が、学力と家庭の経済力の間に強い関連性があるという知見を報告しています。

学力低下も進行しており、学校の学習についていけるのは「七五三」、すなわち、小学校で七割、中学校で五割、高校では三割にも落ち込んでいるとすら言われています。では幼児期にはどうなのかが気になります。もしかすると、幼児期から学力格差が準備されているのではないかという疑問がわきます。

「学力基盤力としての読み書き能力や語彙力の習得は、幼児期から経済格差の影響を受けているのか？」「どうしたら子どもの語彙力（学力基盤力）が育つのか？」このような問題意識から、私たちは、一昨年から、日本、韓国、中国、ベトナム、モンゴルでの国際比較プロジェクトに着手しました。各国の大都市の三歳児、四歳児、五歳児あわせて約三〇〇〇名の幼児とその保護者、担任の保育者を対象にした、臨床面接調査とアンケート調査を組み合わせた大規模プロジェクトです。

幼児期調査の結果は次の通りです。第一に、幼児期には経済格差や早期教育への投資額よりも、しつけスタイルや保育形態が子どもの語彙力の育ちを左右することが判明しました。この結果は、早期教育熱の高い韓国や中国でも同様でした。家庭の経済にかかわりなく、大人が子どもと対等な関係の中で、子どもとの触れ合いを重視し、楽しい体験を共有する「共有型しつけ」スタイルをとる家庭、子どもの自発性や興味・関心を大事にする「子ども中心の保育」のもとで、子どもの語彙力が豊かになるということが統計的に明らかにされました。低所得層でも子どもと対等な関係で楽しい体験を共有し、子どものふれ合いを大切にする家庭では、学力基盤力としての子どもの語彙が豊かになるのです。子どものしつけスタイルは制御可能です。親の子への関わり方次第で親の低所得→子の低学力→子の低所得→孫の低学力→……という負の連鎖を断ち切ることが可能だという結果に、これなら希望がもてる、と私は安堵いたしました。

「共有型しつけ」とは対極の「強制型しつけ」——親が子どもにトップダウンに禁止や命令をくだし、思い通りにならないときには、口汚くののしり、罰を与え、力のしつけを多用する——を受けている子どもの語彙力は、有意に低いという結果が明らかになりました。

第二に、しつけスタイルと子どもの社会性の発達にも関連があることが明らかになりました。「共有型しつけ」と子どもの「向社会性」――落ち着きがあり、集中して一つの活動に取り組むことができ、友だちとも仲良く遊べる――とは、正の関連がありました。一方、「強制型しつけ」は子どもの問題傾向――多動で落ち着きがなく、攻撃性や衝動性が高く、友だちとのいざこざが多い――と関連していることが明らかになりました。一時点の調査結果だけではどちらが原因か、因果関係はわかりませんが、おそらく、親のしつけと子どもの社会性の発達とは循環しているのではないかと推測されます。つまり、子どもが落ち着きがなく、いたずらばかりするので親は強く叱ってしまいます。逆に、大人の勝手な思い込みから子どもの芽生えはじめた自我や自発性を抑えてしまうため、子どもの問題行動が増えるのかもしれません。親のしつけと子どもの社会性の発達とが循環しあって、強制型しつけと子どもの問題行動の関連がつくりだされるのかもしれません。

さらに、強制型しつけをする親の中には、育児不安に陥っている親も多いことがわかりました。子育てを母親一人で背負い込み、育児書を読みあさり、他の子どもと比べて我が子の欠点ばかりが目につき、思い通りに育たないとあせり、力のしつけをしてしまいます。あるいは、子どもを二歳頃から塾通いさせ、子どもに問題行動が出ている場合もありました。そのような強制型しつけはゆきすぎると虐待になり、子どもの心とからだを傷つけることになります。トップダウンのしつけにより、子どもの行動面は一次的に矯正されるように見えますが、子どもは、親にいつ叱られるかと怯え、萎縮してしまうのです。親の心ないことばや力のしつけが大きなストレスとなり、子どもの心とからだを蝕んでいることも明らかになりました。

強制型しつけの果ては、力のしつけをしてしまうことになります。その子が親になったとき、力のしつけは繰り返されるでしょう。負の連鎖が起こってしまいます。親のからだと心に刻まれた負の記憶、自分が幼い頃親に虐げられた、ひどいことばでののしられ、叩かれて、からだも心も痛かった、親の顔が鬼のように見えた……という記憶が蘇り、自分が親になったとき、子どもに手をあげてしまう、子どもが可愛く思えないので世話をしない、腹立ちまぎれに心ない一言をぶつけてしまう……などの行動に走ってしまうのです。

虐待の処理件数は氷山の一角にすぎません。家庭という密室で、児童相談所が介入するようなひどい状況に至らぬまでも、力のしつけや心理的虐待を受けている子どもが増えているのです。児童相談所が介入してくれればまだしも避難できます。密かに進行する虐待のほうが、はるかに深刻であるかもしれません。部外者が立ち入れない、介入できない家庭の中で、密やかに、負の記憶が、子どもの心とからだに埋め込まれていくのです。

どうしたら、負の連鎖を断ち切ることができるのでしょうか？　負の連鎖を断ち切る方法を探ることは、虐待被害者をこれ以上増やさないために、そして何よりも、虐待する親をつくりださないために、解決すべき課題です。

私は子どもの発達を専門にしていますから、児童虐待防止策を考える講演を頼まれる機会も多くあります。そのようなときには、人間発達の無限の可能性の素晴らしさをお伝えするため、本書の第2章では、育児放棄されて五歳と六歳のときに救出されたきょうだい、「FとMの物語」をお話ししています。

今から三七年前、一九七二年十二月に、恩師の藤永保先生（現在はお茶の水女子大学名誉教授）をリーダーとする、FとMへの補償教育のプロジェクトチームが作られました。藤永保先生、斎賀久敬先生（学習院大学名誉教授）、春日喬先生（お茶の水女子大学名誉教授）と内田伸子のチームは、大学院生、FとMが入所した乳児院、児童養護施設の職員、保育園、小中高校の教員たちと協働して、二人の補償教育に取り組みました。担当保育者との愛着の成立を機に、二人は急速に回復し、結末はハッピーエンドで、社会復帰を果たしました。現在は、二人とも愛情豊かな親となり、幸せな家庭を築いています。

この経験を踏まえ、生物学的な親ではなくとも、子どもの養育の担い手である身近な大人との心の絆――愛着――の結び直しにより、持ち前の発達の可塑性を起動・発揮し、発達を遂げるのだということを学ばせてもらいました。二人に直接関わっているときには、この二人のことを論文でも著書でも公にすることはありませんでしたが、数年前から、「人間発達の可塑性」の素晴らしさを伝える例として、「FとMの物語」にも触れるようになりました。

二〇〇九年六月に、お茶の水女子大学の同窓会から講演を依頼されましたので、「子どもは変わる・大人も変わる――人間発達の可塑性の不思議」と題して「FとMの物語」に触れ、育児放棄された子どもたちが養育者の愛情豊かな関わりの中で生き直しができるという話をいたしました。聴衆の中に本書の共著者見上まり子さんがおられました。講演の終了後、私がいろいろな方々と話をしているのを遠慮がちに眺めていた女性――その方が見上さんでした――が、一人残ってパソコンを片付けている私のところに近寄り、「素晴らしい講演でした。ことばの一つひとつが心に響きました。もしお時間があったら読んでくださいませんか」と、封筒を手渡してくださいました。控えめで穏やかな表情の方でしたが、まなざしに強い意志の力が宿っているという印象を受けました。

研究室に戻り、いただいた封筒を開けてみると、『れんげ草の庭』という物語が出てきました。読みはじめたら文章に惹き込まれ、一気に読んでしまいました。その物語が訴えているものの重大さに、心を突かれました。

この物語からは、負の連鎖を断ち切るための、もう一つの鍵概念――「ことばの力」が浮かび上がりました。見上さんが物語の形にのせて自分史を語り、綴ることを通して自分の受けた不幸な体験の意味を省察し、「自己意識」を再構築していく過程が、手にとるように見事に描き出されていました。

自分が幼い頃なぜ虐待を受けたのかを客観的にとらえ、省察することを通して、「自分が悪い子だったから親に叱られたのではない、自分は悪くはなかったのだ」ということに気づいたとき、心とからだの痛みが癒やされていったのです。それだけではなく、物語を綴りながら、自分を大切に思える「自尊感情」が芽生え、自分の人生に「イエス」と言えるようになるのだということが感得され、心から感銘を受けました。そのとき、この物語を私だけで独り占めしてはいけない、一人でも多くの方たちに読んでいただきたいと強く思いました。

すぐに、受話器を取り上げ、封筒の裏にメモしていただいた番号を見ながら、見上さんに電話をかけました。その後、藤永保先生が理事長を務める日本子育て学会にもお誘いし、いろいろとお話ししているうちに、負の連鎖を断ち切るためのメッセージを伝える本にできないかということになりました。

そこで、私の最初の単行本を出版してくださった新曜社の社長、塩浦暲さんに連絡し、見上さんの物語を読んでいただきました。塩浦さんは、この物語を〝負の連鎖を断ち切る〟というテーマの本の中に取り上げ、虐待の発生状況や虐待防止の手だての章とあわせて一つの本にしてはどうかと提案してくださいました。この提案がきっかけとなり、本書を共著で出版することになりました。

先に紹介した国際比較調査に追われて、なかなか執筆の進まぬ私に、見上さんは、『れんげ草の庭』の執筆過程を振り返りながら、「おわりに」の文章をお送りくださいました。いつもの通り、控えめに、「不都合な点があれば修正します」と添えて送られてきた文章には、見上さんの心の回復の道程が余すところなく語られていました。見上さんの明晰さと文章力は、負の連鎖を断ち切る方法について多くの示唆を与えてくれるものとなり、深い感銘を覚えました。この文章に背中を押され、負の連鎖を断ち切る鍵概念として、「愛着」と「ことばの力」に焦点化して、第1章、第2章、第3章、第4章を書き上げることができました。

親から不適切な扱いを受けた子どもがどれほど傷ついているか、見上さんの物語の主人公、「まりこ」が教えてくれます。しかし、見上さんはまりこの物語を書くことを通して、ことばの力で親子関係の絆の結び直しをし、子ども時代の不幸な記憶に終止符を打ち、母親との確執を克服することによって自分が主人公の物語を綴る人生の旅へと再出発することができたのです。

本書を通して、読者の皆さまと、「親の不適切な扱いに苦しむ子どもをなくさなくてはいけない」という思いを共有し、ごいっしょに、児童虐待という「負の世代間連鎖」を断ち切る方途を探って参りましょう。

内田伸子

目次

装幀＝霜田りえこ

第1章　負の連鎖——増え続ける虐待、傷つく子どもたち

現代の子どもは、きわめてストレスの高い状況に置かれています。子どもの自立を阻む過保護の親、偏差値教育の歪みにも気づかずがんじがらめに絡めとられて、子どもを幼児初期から塾に入れたり通信教育を受けさせたりして、文字や数の訓練を開始する親がいます。あるいは、親自身が地域社会から孤立し、閉鎖的な環境の中で強度のストレスを感じていて、家族の中で一番弱い存在である乳幼児にそのはけ口を求め、虐待に走り、ついには子どもを死なせてしまう親がいます。一方は子どもを猫可愛がりにし、他方は子どもを憎んでいます。現象的には逆のようですが、実際は子どもの発達を阻み、子どもを支配するという点では、どちらの親も同じです。

しかしこのような歪んだ環境の中で心身ともに深く傷つきながらも、見事に立ち直り、発達を遂げていく子どもたちがいます。そうした子どもたちは、人間の発達がいかに可塑性に富んでいるかを、最も劇的に示してくれています。そうした子どもたちがなぜ見事に発達できたのかをつぶさに調べてみると、そこには、必ずと言っていいほど、彼らを支える人たちとの出会いがあります。こうした子どもたちは、人と

出会い、心の絆を結ぶことを介して、いつでも発達のやり直しはできるということを私たちに知らせてくれるのです。

1　孤立する家族の中にいる子ども

◆コミュニティの崩壊

子どもが心身ともに深い傷を負う、いわゆる虐待や養育遺棄の事例がしだいに増えています。虐待には、(1) 身体的暴行、(2) 養育怠慢や拒否（ネグレクト）、(3) 性的暴行（近親姦）、(4) 心理的虐待（極端な痛めつけ）が含まれます。

人口が日本の約二倍強の米国では、虐待が二〇〇〇年一年間で一三〇万件も発生しているという状況に比べれば、日本はまだしも少ないとは言えるでしょう。しかし、全国児童相談所による統計では、一九九〇年度一年間に児童相談所が扱った児童虐待の処理件数は一一〇一件、二〇〇〇年度には一万七七二五件、二〇〇六年度には三万七三二三件、二〇〇八年には四万二六六二件と、毎年、最多更新を続けています。しかも、この数字はほんの氷山の一角であり、実際の数字ははるかに大きいと考えられています（図1－1）。

厚生労働省が児童相談所による相談処理件数の統計をとりはじめたのは、一九九〇年からのことです。

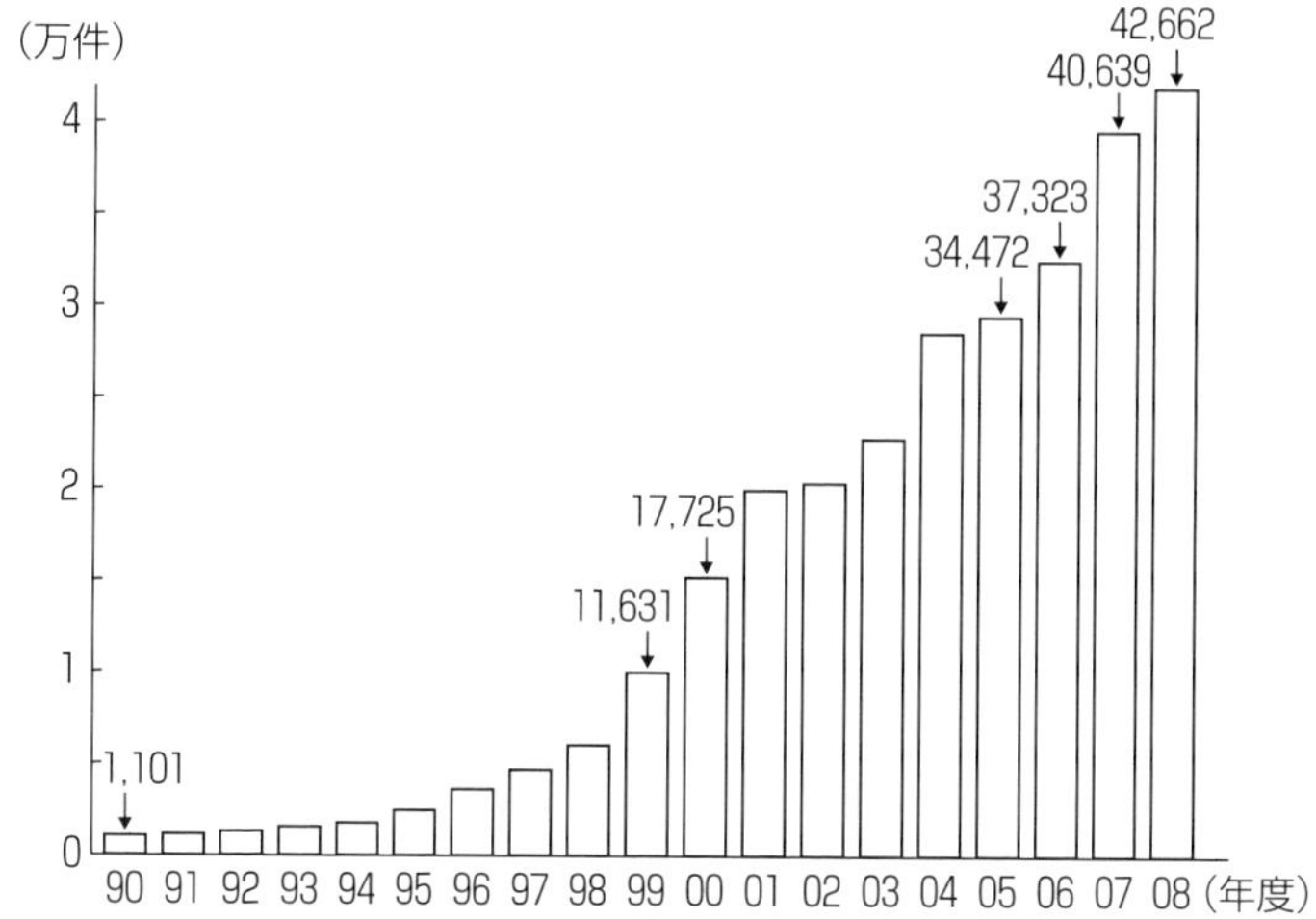

図１－１　児童相談所が扱った児童虐待の処理件数

（厚生労働省，2009）

最初の年は一一〇一件と少なかったのが、二〇〇〇年には一七倍にも跳ね上がっています。厚労省虐待防止室では、虐待そのものが増加していることに加えて、二〇〇二年（平成十四年）に通告義務を課した虐待防止条例を施行したことで虐待に対する認識が高まり、通報や相談が増えているのではないかとコメントしています（朝日新聞、二〇〇九年七月十四日）。しかし、この条例が施行される二年前からすでに、児童虐待の処理件数は一七倍にも跳ね上がっていたのです。

二〇〇〇年は、アメリカのＩＴバブルが弾け、その影響で日本が輸出産業をはじめ深刻な経済危機に見舞われた年です。経済状況の悪化は、親の生活を厳しいものにし、その家庭の子どもの育ちに反映したものと考えられます。

◆孤立する家族

虐待の増加は大都市に多く、家族の生活の孤立性、閉鎖性を浮かび上がらせます。虐待は家庭という密室で起こることです。子どもは母親に虐待されていても、決してそのことを他の家族や外部者に訴えることはしません。虐待される子どもは、自分が悪いから愛する母親が自分を叱るのだと思い込んでいるのです。母の折檻を受けながら、母親の愛情を失ったらもう自分は生きてはいけないと思い込み、じっと我慢しているのです。だから、子どもが虐待を受けているのを父親も知らない場合すら多いのです。

さらに、電車の中で無作法なふるまいをしても他人の子どもには知らん顔、逆に他人の子どもが虐待されているらしいということにうすうす気づいていても、かかわり合いになるのを避けるというような、子どもを取りまく人々の公的な教育力、社会の育児機能の低さも、虐待の急増に拍車をかけています。

一九八〇年代の終わりに、日本は経済低迷期に入りました。母親も外に働きに出て遅くまで残業するようになりました。しかし、子どもは児童館が終了する夕方六時以後は、行き場がなくなってしまいます。そこで児童館代わりに、安全に子どもを預ける場として塾を活用する親が現れました。

一九八八年頃には、大都市では塾と学校のダブルスクール化が見られるようになります。一九八八年には東京都では、江東区を除く二二区で〇歳児保育が普及しました。その後親たちの強い要望で、江東区も〇歳児保育に踏み切りました。駅前保育所も増え、ラッシュ時には子どもを荷物のように駅前保育所に預け忙しく出勤する母親の姿は痛ましいほどです。庭もない狭い空間に預けられる子どもは、もっと痛ましいですが。

広場や児童公園が駐車場やマンションにとって代わられ、子どもの姿が街から消えました。子どもの孤食が問題になったのもこの頃からです。コンビニや「ほっかほか弁当」の進出により、簡単に食事が手に入るようになりました。

学校から子どもが帰宅しても母親はいません。塾に行く前に急いで冷凍庫にストックしてあるたこ焼きを電子レンジで温め、ポットのお湯を入れて作ったインスタントラーメンをかき込みます。三〇分でも時間が空けば、テレビゲームをします。塾から帰り、遅い夕食を食べ、塾の宿題や学校の宿題を終えて眠るのは深夜です。朝は眠い眼をこすりながら頭を働かせるため、甘いもの、あめ玉やチョコレートを口に入れ、学校に急ぎます。

教育や食事だけではなく、家庭での親の役割であったはずの「しつけ」までも、アウト・ソーシングの時代に入りました。庭がなくても、安全に預けられる場があればまだましです。大都市では、〇歳〜三歳未満児で保育所に預けられないでいる待機児が二万五〇〇〇人もいます。苦しい家計を助けるために働きに出たくても、子どもを預ける場がない親はあせり、つい子どもに辛くあたってしまうのです。こうして、親たちの生活のストレスと歪みが、一番弱い乳幼児にはけ口を求めて吹き出すという事例が増えていったのでしょう。

2　虐待発生の背景因は何か

◆虐待の発生因は複合している

家庭といういわば密室の中で、一番弱い乳幼児に対する虐待が密かに、かつ陰湿な形で進行しています。その背景には、親自身の抱えた問題があります。虐待の事例を見ていくと、必ず親の問題につきあたります。

第一に、母親が父親に不満で、子どもに不満のはけ口を求める場合です。たとえば、父親が再婚した継母が連れ子の姉は可愛がり、継子の弟を虐待し、小学校一年で養護施設に預けられた子どもがいます。その子は中学一年のときに施設に預けられるまでを回想して、「なんでぼくだけがいじめられるのかわからなかった。お父さんがお酒をやめ、お母さんがやさしい人になったら帰ってもいいけど、今は帰りたくない」という主旨の作文を書いています。継母は、再婚相手の父親の酒癖に失望し、子どもを見ると夫を思い出す、夫が憎いから子どもを折檻するというように、子どもに夫を重ねて見るという背景があった事例です。

第二に、父親が精神的に幼くて、母親をめぐって子どもと父親が三角関係のようになる場合があります。特に、母親が連れ子をしているような場合は、父親が連れ子を邪魔にして辛くあたったり、虐待するということになります。

第三に、未婚で出産し、育てられなくて虐待に走るという事例があります。

以上に述べたことは主として親の問題ですが、しかし虐待は、親の問題だけではなく、親と子ども、家族を取りまくさまざまな要因が重なったときに起こります。図1－2[1]に示したように、虐待を発生させる原因は一つではなく、複数重なっている場合が多いのです。

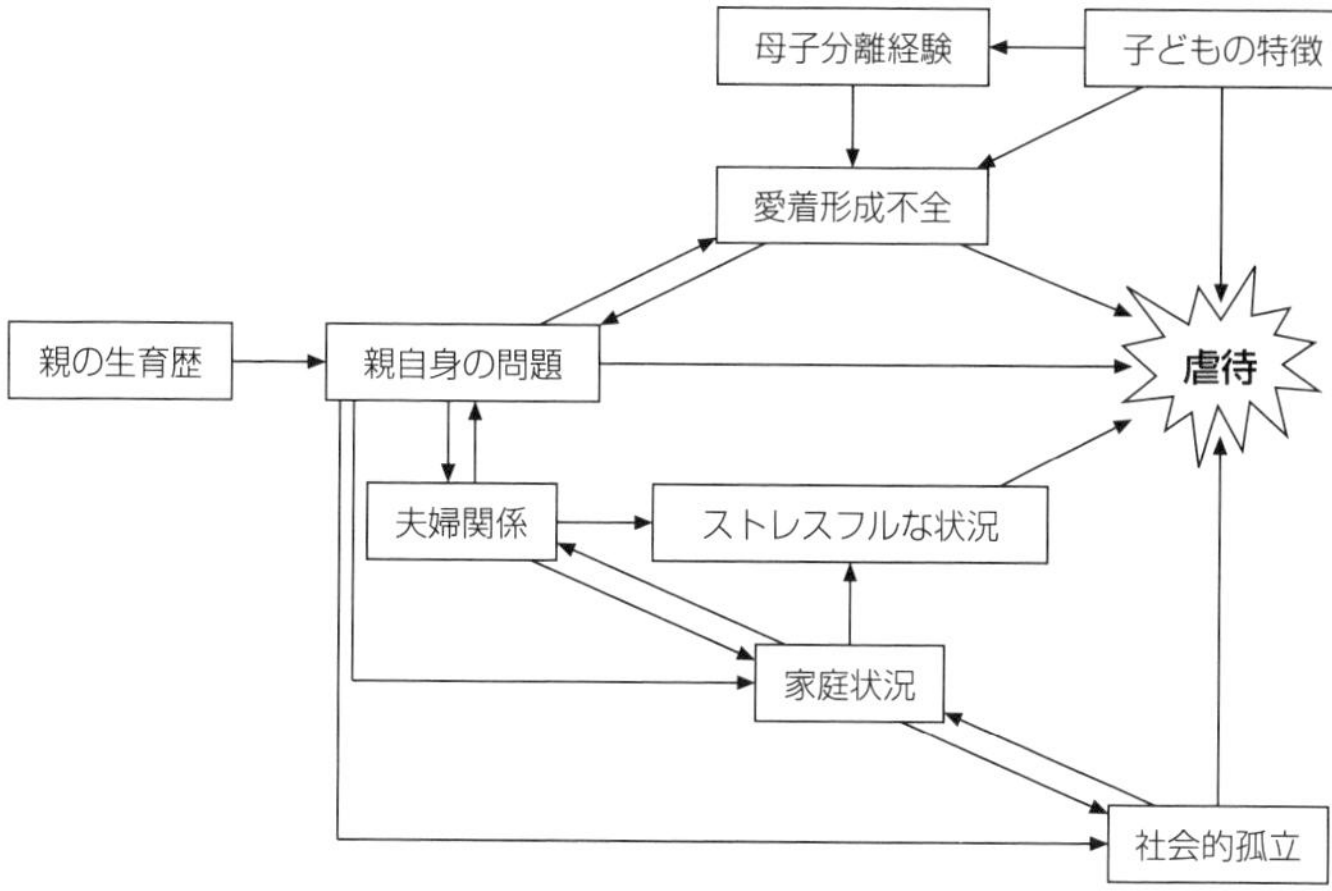

図1－2　虐待の発生要因（庄司，1992[1]）

◆負の世代間連鎖

子どもの虐待には、世代間連鎖があります。特に親自身が子ども時代に虐待され、「力のしつけ」（身体に与えられる暴行や口やかましくがみがみ指示することを含め、親の権威による攻撃的なしつけ）を受けた親は、それ以外の育て方を知らないので、〝自分が子ども時代に味わったような辛い思いはさせたくない〟と思わない限り、そうすることがしつけなのだと思い込んでいて、我が子を虐待してしまうことが多いのです。力のしつけは繰り返され、負の世代間連鎖が起こることになります[2]。

さらに、子どもに発達障碍があったり、未熟児で生まれたため保育器に入っていてしばらく母子分離経験があったりすると、親は子どもに愛着がもてないこともあります。ここに親自身が子ども時代に虐待された要因が重なると、虐待につながってしまいます。子ども時代に、力のしつけを受けていた大人は、何事にも自信がもてず、自尊感情が低いことが多く、また対等な人間どうしのつきあいに慣れていないため、夫や友人との関係も十分に築けず、家庭や社会でのストレスが大きいということもあります。これらの要因が複雑に重なりあって、我が子に手をあげ、ときには虐待にまでなってしまう場合があるのです。いずれにしても、夫婦関係や、社会の差別の中に飲み込まれてしまった親の問題が浮かび上がってきます。

虐待をする親が、たまたま児童相談所や病院で指導を受けたとしても、家庭という密室に戻ればまた元の状況が繰り返されていきます。ところが虐待された子どもは、きまって親をかばうと言います。たとえば、折檻され、顔半分に青あざができ、食べ物・飲み水を与えられず動く元気もなくして転がっている子どもに、近くの主婦が見かねて声をかけても、決して母親にやられたとは言わないのです。玄関の所で転んだだけだと答えるといったことも報告されています。

二〇一〇年一月二十七日に、千葉県で両親の虐待がもとで小学一年生の男の子が亡くなるという痛ましい事件が起こりました。その男児は亡くなる前日、いつも学校帰りに会う近所の人に、「おとうさんは叱らないよ」「おとうさんはやさしいよ」と話したばかりだったということです。この子が虐待されているらしいということに気づいたのは、歯科医でした。治療中に、シャツの端からアザが見えたのが虐待に気づくきっかけだったということです。遺体はアザだらけ、タバコの火を押し付けられてできた火傷の跡も無数にあり、この子に対して、日常的に力のしつけが繰り返されていたことがわかるような状態でした。しかし、この子は、親から折檻されていることを誰にも明かさず「ぼくは悪い子だから叩かれるのだ」と、自分自身を責め続けていたのでしょう。本当に痛ましい事件です。

3　虐待のもとでの発達遅滞

◆発達を阻むもの

家庭で力のしつけを受けている子どもたちは、身体が小さく、病院や乳児院に入院中は身長や体重が順調に増えていくのに、家庭に引き取られたとたんに身長の伸びは止まり、体重は減少してしまうことすらあります。ホップウッドとベッカーが報告している事例（図1－3）を見てみましょう。母親が四歳半の男児を小児病院に連れてきました。「食が細いので体重が増えない」ということでしばらく入院することになりました。心理社会的な原因がもとでからだが成長しないので、「心理社会的侏儒症」[3]との診断を受けました。

入院して間もなく、体重も身長も増えはじめました。ところが、2週間後に退院するとすぐに体重は減ってしまい、身長は横ばい状態になります。この男児は六歳でキンダーガルテン（小学一年生に対応し

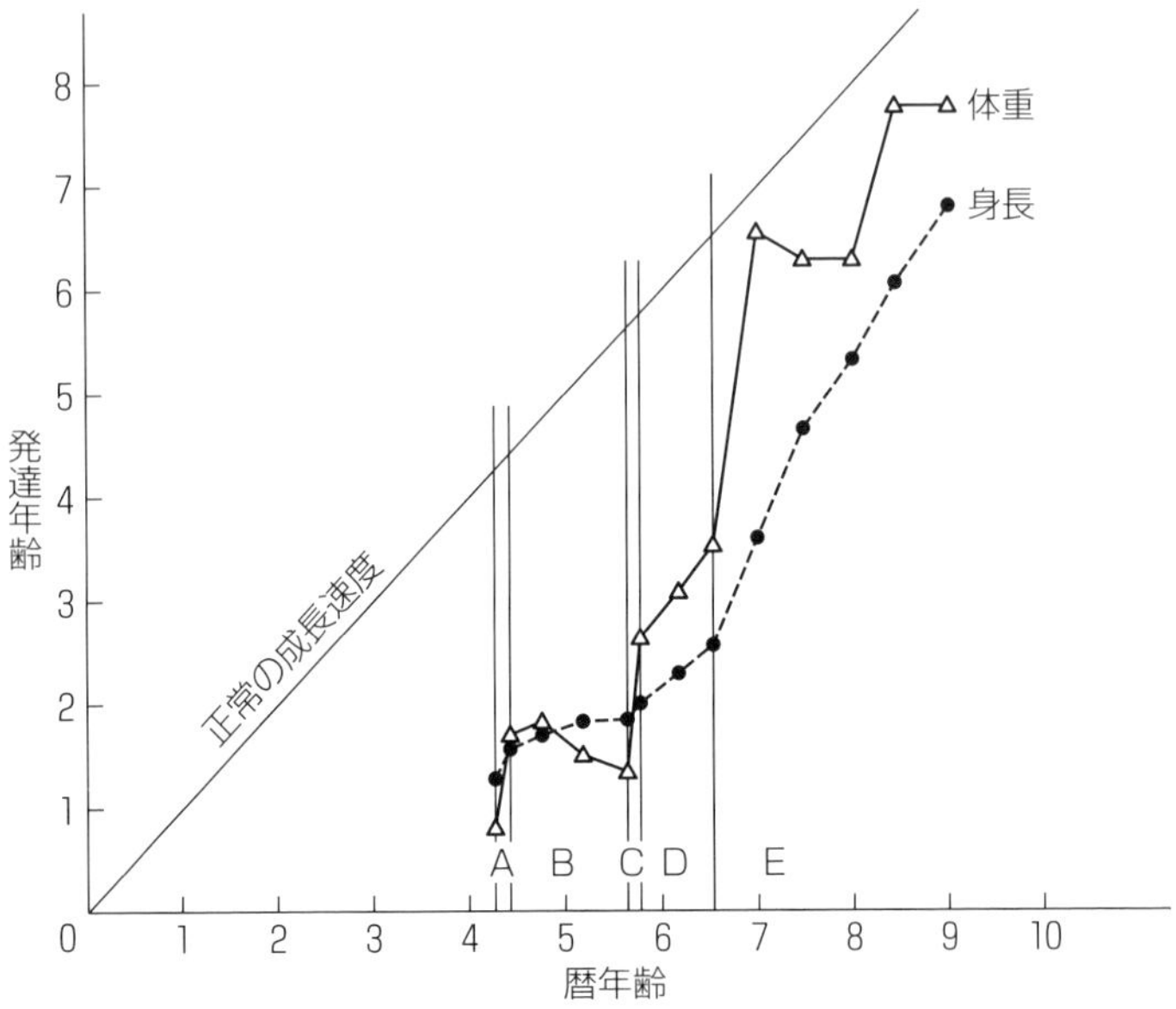

図１－３　あるPSD*児の成長過程（Hopwood & Becker, 1980[3]）

家庭におけるガイダンスに失敗した４歳のPSD児。

A：最初の入院

B：家庭。日中は学校

C：２度目の入院

D：家庭。日中は学校。家庭のカウンセリング

E：養子に出された

＊　PSD：Psycho-Social Dwarfism（心理社会的侏儒症）

ている）に入り、昼間は学校、夜は家庭で過ごすようになりました。六歳半のとき、体重や身長の伸びが止まってしまったため、また入院しました。家庭での子どものストレスの高さがうかがわれます。小児科医も家庭での虐待を疑い、子どもが学校にいる間、親にはカウンセリングを受けさせました。「どうしてもこの子が可愛く思えない」という親の訴えに、養子先を世話したところ、体重も身長ものすごい勢いで年齢の水準まで回復したのです。

ネグレクトや心理的虐待、力のしつけのもとで育った子どもは、からだが小さいだけでなく、言語や認知、社会性も遅滞しており、幼く見えます。最近では大脳辺縁系の扁桃体や海馬などが一六パーセントも萎縮するという報告もあります[4]。身長の伸びを止まらせ、言語や認知の発達を阻み、社会性の発達に遅滞をもたらす原因は何なのか、脳にまでダメージを与える原因は何なのか、養育放棄により社会から隔離された子どもの事例から探ってみましょう。

これまでに報告された養育放棄の事例のうち、（1）出生直後に家族から隔離され、（2）隔離期間は五年以上の長期にわたり、（3）母性的養育が剥奪[5]されて、単なる心理的交流が欠如しているだけではなく、社会的・文化的・言語的・心理的・栄養面などの複合的な刺激が剥奪され、（4）隔離の程度がきわめて重く、（5）隔離により重度の発達遅滞を示している、という五つの条件を備えた社会的隔離児の六つの事例（九名の子ども）を、表1－1[6]にまとめてみました。

これら六つの事例は、回復の程度によって、回復良好で社会復帰ができた、回復不良で救出後、補償教育にもかかわらず死んでしまった、回復はしたものの遅滞が残るもの、の三つに分類できます。

表1－1　社会的隔離児の救出前の状況、ならびに救出後の愛着形成と回復（内田，1989[6]）

救出後の回復	ケース	救出時の年齢	救出前の状況（救出時の状況）	救出前の愛着	救出時の分離不安	養育者との愛着形成	言語回復経過
良好	イザベル（アメリカ）	6歳6カ月	私生児。母と1室に閉じ込められる。母は聾、身振りによるコミュニケーション活発。（脚はクル病で、歩行不能。発語なし。）	＋	＋	＋	きわめて良好 1年半で回復
良好	P.M. と J.M.（チェコ）	6歳10カ月	1卵性双生児。母は出産後死亡。乳児院→継母へ。地下室に閉じ込め継母が虐待。父も虐待に加担。相互のやり取りは身振りで行う。（歩行不能。靴も履けない。自発語ほとんどなし。）	大人には（－）　相互間は（＋）	－　＋	＋	8歳10カ月で養子に出され急速に改善。正常水準にもどる。
不良	アンナ（アメリカ）	6歳0カ月	私生児。孤児院や養子先を転々とたらい回し。養育らしい養育を受けた経験なし。（筋肉麻痺。栄養失調。発語なし。自閉的傾向あり。）	－	－	－	2年後歩行するも、言語は1歳程度（喃語段階）しか回復せず。10歳半で死亡。
不良	アンヌとアルバート（アメリカ）	姉6歳0カ月　弟4歳0カ月	姉：1室に閉じ込められる。（身体・言語の遅滞。歩行可。排泄のしつけなし。）　弟：家具は便器つき椅子のみの狭い部屋で幼児用寝台にくくりつけられる。（歩行困難、発語なし、排泄のしつけなし。）	姉は（－）　弟は（－）	－　－	－　－	反響語以外発語なし。身体発達は回復。IQ は50程度。歩行改善。意味不明語多少。他人には無関心無感動。2人とも自閉症的障害との複合障害の疑い有。
中間	ジニー（アメリカ）	13歳7カ月	20カ月以後納戸に閉じ込められ椅子にくくりつけられる。父親、兄も虐待。騒音を嫌い、物音なしの環境。母親視力弱り、父親の命令で世話せず。身振りのやり取り。（身体発育6、7歳程度。IQ 1歳程度。発語2、3語のみ。目と目の接触は良好。）	母には（＋）	＋	＋	発音障害と文法的側面の一部欠陥をのぞき、回復きわめて良好。結婚して社会復帰を果たす。
中間	FとM（日本）	姉6歳0カ月　弟5歳0カ月	放置。救出前1年8カ月間狭い小屋に閉じ込められる。排泄、風呂など世話なし。うどんや重湯程度をときどき2人の2歳上の姉があたえる程度。（心身とも1歳～1歳半程度。発語：姉2語？弟なし。）	父母には（－）　姉兄には（＋）	姉（－）弟（－）	姉（＋）弟（－）（ただし弟は4カ月後へ）	2人とも、高校卒業後、就職。弟に言語の文法面、形式的側面の遅滞残る。

【回復良好－1】 イザベルの場合（アメリカ）[7]

イザベル（女児）は、祖父母によって聾の母親といっしょにカーテンを閉ざした部屋に閉じ込められました。祖父母は、父親知れずの私生児を産んだ母親を世間から隠すために、一室に閉じ込めてしまったのです。イザベルが六歳半になったときに、母親がイザベルを抱いて部屋から逃げ出し助けを求めたために、この監禁事件が明るみに出ました。補償教育チームが、イザベルに医学的な検査を受けさせるため、母親から子どもを引き離しました。イザベルは母親から引き離されるとき、母親を求めて泣き叫び、分離不安を示したことから、監禁中、母親との間に非言語的なコミュニケーションをしていたものと推測されます。救出後の経過は良好で、補償教育チームの関わりの中で、約二年間で年齢並みの言語発達を遂げ、社会性も順調に回復しました。

【回復良好－2】 P・MとJ・Mの場合（チェコスロバキア）[8][9]

一卵性双生児P・MとJ・M（男児）は出産時、母親が出血多量で亡くなり、乳児院に預けられました。担当保育士制の乳児院で、一歳二ヵ月まで順調に発達しました。父親が再婚し、家に引き取られることになった二人は担当の保育士に分離不安を示したことから、保育士になついていたことがうかがわれます。双子は、若い継母にいじめられ、父親も継母といっしょになって虐待に加担し、やがて、二人とも、ほとんど衣服も着せられず、藁やレンガのかけらだけがある暗い地下室に閉じ込められてしまいました。

六歳十ヵ月になったとき、父親は一人を連れて、就学延期届を出すための診断書を書いてもらいに小児科医を訪れましたが、どう見ても三歳程度にしか見えず、ことばもしゃべれないので、精神遅滞児にしか見えませんでした。しかしもう一人双子のきょうだいがいるということがわかって、この監禁事件が明るみに出たのでした。救出された後、検査のために双子が引き離されるとき互いに分離不安を示したことから、二人の間では非言語コミュニケーションがあったことがうかがわれます。

この双子は救出されたときには歩行ができず、七歳二ヵ月時に発達テストを受けましたが、発達の程度を示す発達指数（ＤＱ）はおよそ三歳で、項目によっては一歳程度であったところから、発達遅滞は非常に大きいと言えます。自発語はせいぜい、二、三語で、相互のコミュニケーションは身振りによるものでした。その後幼児ホーム（養護施設）に引き取られ、八歳十ヵ月時によい家庭に養子に出されました。養母の愛情のこもった養育を受けて、その後の心身は順調に回復していきました。中学三年生のときには言語発達も知能の発達も年齢並みに回復し、地下室に監禁されていたときの様子なども、養母に少しずつ話して聞かせたということです。

【回復不良－1】 アンナ（アメリカ）[10][11]

精神遅滞の母親の非嫡出子として生まれたアンナは、母親の二番目の私生児でした。祖父は養育不能の母親からアンナを引き取るのを拒否したため、孤児院に入れられ、一時養女に出され、また別の孤児院にやられ、小規模の乳児院に移り、そこも数ヵ月で実家に戻され、物置に放置されました。六歳〇ヵ月に物置から救出されましたが、栄養失調がひどく、筋肉は麻痺していて歩行はできませんでした。二年後に歩けるようになりましたが、歩行パターンはぎこちなく前屈みでよちよち歩きをしていました。救出後二年ほどで、大人の簡単な指示は理解できるようになりましたが、自発語はなく、人と会話することは困難でした。発達テストでは、視聴覚に異常はありませんでしたが、知能は五、六ヵ月程度と診断されました。その後食事も一人で食べられるようになり、排泄訓練も完成しました。十四歳で小学校を何とか卒業しました。おそらくアンナは、生まれつきの精神遅滞児であったのではないかと推定されています。

【回復不良-2】 アンヌとアルバート（アメリカ）[12]

アンヌとアルバートはきょうだいで、二人とも非嫡出子です。姉のアンヌは母親の手により一室に閉じ込められました。六歳○ヵ月のときに救出されましたが、歩行も発語もありませんでした。救出後、一ヵ月入院したのち、小規模の養護施設で養育されました。身体的成長はめざましかったのですが、言語発達は遅れたままでした。反響語以外に発語はなく、意味不明語を発話するようにはなっても、有意味語は習得できなかったのです。知能については、八歳時点で知能指数が50と、精神遅滞児の範囲に入ります。身体的成長はめざましく、歩けるようになりました。他人に対しては、無関心・無感動で、社会性は発達しませんでした。養育放棄による発達遅滞と、自閉症的障碍との複合障碍が疑われます。

一方のアルバートは、家具は便器付きの椅子のみの狭い納戸に閉じ込められ、狭い囲い付きのベビーベッドに押し込められていました。

四歳○ヵ月のとき救出されましたが、心身の発達状況は一歳程度で、発語はなく、歩行もできませんでした。排泄のしつけもなされていませんでした。一ヵ月の入院の後、小規模の幼児ホームで養育されました。六歳の時点で、歩行は、二、三歳程度でぎこちなく、知能は遅滞したままでした。言語も赤ちゃんのような発声（喃語レベル）に留まり、意味のあることばを習得することはできませんでした。その後施設から養子に出された後、養母にはなつきましたが、他人には無関心・無感動で、コミュニケーションもありませんでした。姉のアンヌと同様に、養育放棄による発達遅滞と、自閉症的障碍の複合障碍が疑われる事例です。

【回復中間－1】ジニー（アメリカ）[13][14][15]

ジニーは、母親によって納戸に入れられていましたが、十三歳七ヵ月で救出されました。その隔離期間の長さは言語獲得の臨界期を越えるところから、どこまで言語が回復するかについて、人々の関心を集めた事例です。

ジニーの父は、騒音を嫌い、第一子（女児）は泣き声がうるさいと寒いガレージに放置し、肺炎になって死亡しました。第二子（男児）はＲＨ不適合で、生後二日目に死亡しました。第三子（男児）は泣かせないという父親の厳命を守り、母親が納戸で育てましたが、不十分な関わりの中で極度の発達遅滞となりました。ジニーは兄の出生後三年経って生まれた第四子で、出生時は、股関節脱臼以外全く正常で、十一ヵ月時でも正常でしたが、その後発育が悪くなり、一歳半頃から遅滞が見られるようになりました。

生後二〇ヵ月以後、騒音を嫌う父親の厳命を守り、母親はジニーを父親の居室から最も離れた納戸に隠すようにして入れ、便器付き椅子にくくりつけたり、金網のついた幼児用寝台に押し込んで身動きできない状態にしていました。ジニーが声を出すと、母親はジニーの口を押さえ、父親に声を聞かれないようにしていました。母親は、「ジニーの世話をするな」という父親の厳命に従い、こっそり流動食や卵を与える程度で、ジニーは発育が悪くなっていきました。ジニーが十三歳七ヵ月になったとき、母親はたまりかねてジニーを連れて家から逃げ出し、二人とも救出されたのでした。

救出された当時のジニーの発育状態は六、七歳程度でした。活動的でアイコンタクトも良好でした。簡単な指示は理解しているように見えましたが、発語はありませんでした。隔離中の母親の不適切な扱いの中で、ジニーは完全に声を失ってしまったのです。ですから、補償教育チームはジニーに、まず手話を教えて交信し、音声言語の訓練を行いました。こうして、ジニーは、少しずつ声を取り戻していきました。

ジニーが救出された当時の社会性発達は一歳五ヵ月程度、精神年齢は十三ヵ月と、かなり遅滞しています。しかし救出されて二ヵ月後の精神年齢は四歳九ヵ月と診断され、著しい回復をみせました。補償教育チームのカーティス[15]は、ジニーが十四歳のときに会いましたが、ジニーは痩せこけて小さく、活動的だが、とても十四歳には見えなかったと述べています。また、興奮するとどこにでも放尿し、唾をいたるところに吐き散らすという悪癖もあったということです。

救出七ヵ月後に発語も増え、語彙も増えていきました。カーティスたちが、絵や事物を指して、「何ていうの?」と尋ね、「これは、○○よ」と答えを教えることにより、語彙を学習しました。文法は、特別なプログラムを開発して教えるというしかたで少しずつ学習したのですが、十分には回復しませんでした。十四歳のとき、ジニーは養女に出され、引き続きカーティスたちの補償教育を受けました。こうして、ゆっくりではありますが、ジニーは回復していったのです。

表1－2に示した会話は、ジニーが十八歳二ヵ月のとき、学校での経験を養母に伝えたときのものです。複数形のsや過去時制などが間違えているのがおわかりいただけると思います。

最後の問いへの回答は、質問してから二、三分も経った後だったということです。このように、なかな

表１－２　ジニーと養母との会話

（Curtiss, 1977[16]にもとづき作成）

ジニー：	At school is washing car. （学校で車洗ってる。）
養母：	Whose car did you wash？ （誰の車を洗ったの？）
ジニー：	People car. （人びと車。）
養母：	How many cars did you wash？ （何台洗ったの？）
ジニー：	Two car. （２台。）
養母：	Were they big cars or little cars？ （大きな車だった？小さな車だった？）
ジニー：	Big car. （大きな車。）
養母：	What were the color of the cars？ （車は何色だったの？）

か回答ができないことはよくあったと言います。

また、言語獲得が始まってから、監禁状態の頃の記憶を断片的に想起しはじめたということです。

社会復帰はしたものの、ジニーの言語、特に文法面の遅れや社会性の遅滞からの回復は十分ではなく、いろいろな課題が残っているということです。

【回復中間】　FとM（日本）[17]

ある寒い地方の町で、トタン囲いの小屋に放置されていた姉と弟のきょうだいが救出され、補償教育を受けました。二人は社会復帰を果たしましたが、文法面や短期記憶に問題が残っている例です。この二人については、次章で詳しく述べたいと思います。

以上に見てきたように、表1－1の六事例九名について比べると、社会復帰を可能にした条件が明らかになります。どの事例も、親や祖父母によって監禁され、社会的関係から隔離されました。母親といっしょに監禁された事例、きょうだい二人、あるいは一人だけで閉じ込められた事例など、隔離状況は事例によってさまざまです。地下室や納戸、母屋と離れた小屋の中など隔離場所もさまざまで、ベッドや椅子にくくりつけられて歩き回る自由が与えられなかった事例や、動くことの制限はそれほど厳しくないもの、かなりひどい虐待を受けていたものなど、状況もさまざまです。

どの子どもも、救出時には自発的な発語はなく、歩くことができず、身体的・精神的に著しい発達遅滞症状を示していました。

救出後の回復経過は異なり、良好、不良、中間（一部に欠陥や回復不良が見られるものの、おおむね回復）の三つに分けられます。表に示したように、救出時に病院や施設に収容のため家人から離されるときに「分離不安」を示したかどうか、不安になって、家人を後追いしたかどうかが、回復の良し悪しを分けているように見えます。

分離不安があったかどうかは、隔離中の母性的養育の質や対人的コミュニケーションの有無を推測する手がかりになります。回復が良好であった事例は、隔離中に養育者や同胞との間に愛着を成立させていたことがうかがわれます。回復不良と中間の事例では、大人や同胞（きょうだい）との関係が希薄であったことがうかがわれます。

隔離期間の長さは問題とはならず、隔離期間中、大人あるいは同胞（きょうだい）との相互作用の有無が、回復の程度を左右していることが推測されるのです。特に大人や同胞との愛着関係を形成していたかどうかは、救出後の養育者との愛着形成と対応関係があり、回復経過もそれと呼応しているように見えます。

もし、社会的に隔離され、人と関わる条件が与えられなければ、適切なコミュニケーション技能を育むことはできなくなります。その結果、さまざまな面での致命的な発達の遅れがもたらされることになったのではないでしょうか。

次章では、この推測が妥当かどうか、日本の事例、FとMで探ってみましょう。

第2章　FとMの物語――育児放棄からの再生の鍵「愛着」

日本の、ある地方の小さな町で、養育放棄された二人のきょうだい――姉（以下Fと略記）と弟（以下Mと略記）――が救出されたのは、姉が六歳、弟が五歳のときでした。二人の子どもは、外廊下の隅に作られた、ふきさらしの粗末なトタン囲いの小屋に捨て置かれていました。救出されたときには二人は、ことばはしゃべれず、歩行もほとんどできず、どう見ても一歳半程度で、発達遅滞は恐ろしいほどでした。その二人が乳児院に収容され、保育者との愛着を成立させると、みるみるうちに回復し、見事に成長を遂げたのです。本章では、育児放棄による重度の発達遅滞も、身近な大人の心を込めた関わりを通して愛着のつくり直しをすれば再生できるという、ハッピーエンドの物語をご紹介します。

1　養育放棄されたきょうだい

この二人の父親には怠け癖があり、仕事をせず、たまにアルバイトで小遣い銭を稼ぐ程度でした。母親は前夫との間に二人の連れ子がおり、さらに再婚してから毎年子どもを出産し、この夫との間に七人の子どもが生まれました。ミシンの内職をしていましたが、それでは自分たちの食い扶持もままならず、家計が窮乏の度を強めて食うや食わずの生活の中で母親はしだいに無気力になり、子どもたちの世話をしなくなっていきました。

父親は、部屋が汚れるという理由から、外廊下の隅にトタン囲いの小屋を作り、排泄のしつけができていない年少のFとM、その下のHを、そこに閉じ込めて放置してしまいました。ふきさらしの小屋に放置された三人のうち、Hは小屋で肺炎を起こして死亡しました。変な物音がするという近所の人の通報で、小屋の中に、いもむしのように転がっている二人が救出されることになったのでした。

◆回復・治療計画

救出時の姉弟の発達の遅れはひどく、六歳、五歳であるはずなのに、身長は八〇センチ、体重は八キログラム程度でした。この発達遅滞は、初期の養育の欠如と栄養の不給によりもたらされたものと推測されました。

二人は、児童相談所が介入して、救出後すぐに乳児院に収容されました。この事件をスクープした新聞社の依頼で、乳児院と協力して、二人の社会復帰に向けて補償教育を実施することになり、当時お茶の水女子大学の藤永保先生をはじめとする、心理学者による補償教育チームがつくられました[1]。このチームによって、以下の三つの柱からなる回復計画が立てられました。

第一は、環境の改善に関するものです。栄養条件を改善し、生活の中で運動技能の発達を促進する働きかけを行います。認知的刺激を豊富化するため、絵本や教育玩具に触れる体験を与えるようにします。保育者が世話をしながら子どもにことばかけをし、愛着関係を形成するよう働きかけます。そして、大人との対人関係を活発にし、同時に、同輩との遊びを中心とした交流も活発に行わせるようにします。

第二は、診断をかねての各種人格検査やドールプレイ（人形や家具セットを用いたごっこ遊び）を導入し、人格発達の程度を診断し、処遇方針の決定と働きかけを行います。また各種の発達診断検査や知能検査、言語能力診断検査を行うことにより、認知発達や言語発達を診断し、処遇方針を決めます。またこれらの検査は、いずれも個人に対して臨床面接を行うので、大人が発する質問にきちんと回答するという場面に慣れることと、形式的な言語を用いて会話するという訓練も兼ねています。

第三は、遅れている知的・言語的能力や運動能力の欠陥を補償するための意図的教授＝学習プログラムの開発で、予防的に、あるいは問題が生じるたびに、導入しました。

観察資料、担当保育士の記録に加えて、上記の各種知能テスト、言語能力テストの診断をもとに、プログラム内容を決めていきました。プログラム実施には、補償教育チームのメンバーが、効果があがるようにプログラムを修正しながら進めました。幼児期から児童期にかけては、言語、数、社会や自然認識に関わる各種のプログラムを実施しました。小学校入学以後は、お茶の水女子大学の大学院生たちに手伝ってもらい、学習面の補償に力を注ぎました。

救出直後だけではなく、その後も必要に応じて、各種医学的検査も実施しました。二人には遺伝的負因がないことが確認されています。救出直後には脳波異常（乳児に特有のゆるやかな脳波）が見られましたが、生育環境の改善や栄養状態の回復に伴い、改善されていきました。また身体発達面の回復は著しく、急速に年齢並みの数値に追いついていきました。

二人が就学猶予二年の後に小学校に入ってからは、施設以外の家庭生活を体験させる目的で、チームのメンバー（筆者）の家に夏休みの一週間程度滞在し生活体験の機会を与えました。たとえば、低学年では、いっしょにカレーを作る、花火遊びをする、遊園地や動物園に出かける、中学年では、映画やデパートに買い物に行く、羽田飛行場やNHK放送局のロケ現場を見学する、高学年では、紙工場を見学して夏休み研究のレポートをまとめる、ヘレンケラーの「奇跡の人」を観劇し、ヘレンケラーの自伝を読むなど、子どもたちが夏休みに体験するような活動を家族といっしょに体験させることもしました。

また、この件が明るみに出たことで、母親は夫と離婚し、子どもたちと母子寮に暮らしていましたから、お盆とお正月にそれぞれ一週間程度、母親ときょうだいの暮らす家へ帰省させました。この機会に、母親やきょうだいたちとの交流を通して、親子、きょうだいの心の絆をつくり直すことがねらっての訪問でした。

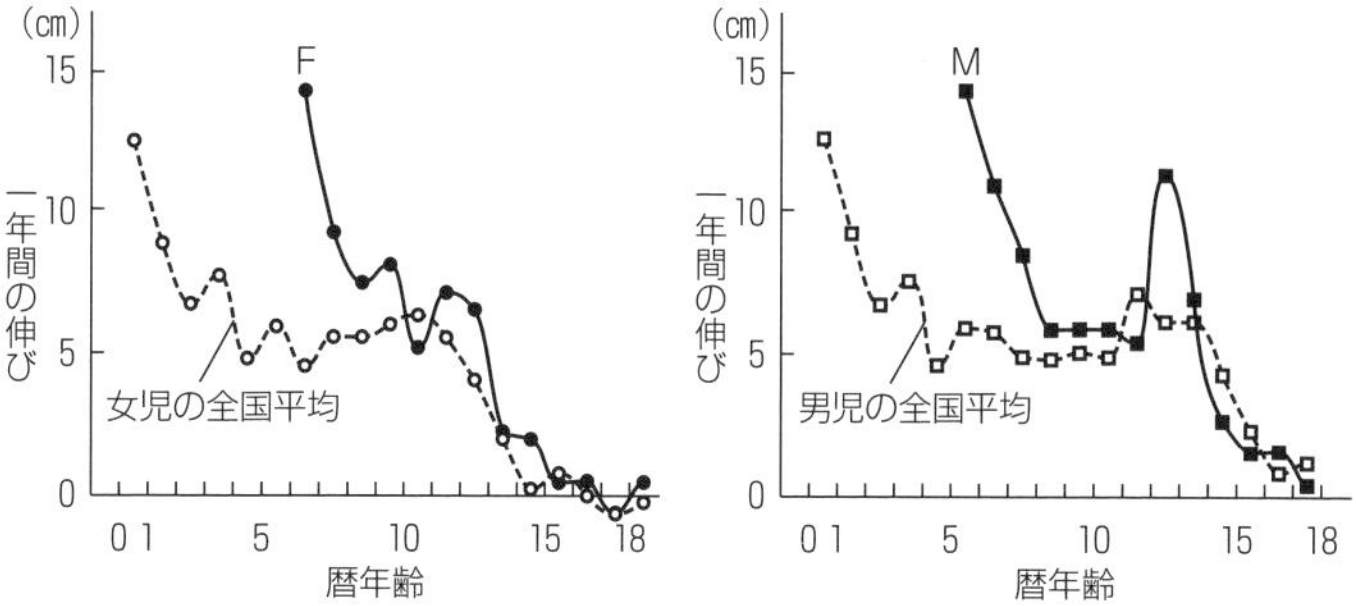

図２－１　ＦとＭの身長発達の速度曲線（藤永他，1987[1]）
点線はそれぞれ女児・男児の全国平均。

◆「機能的冬眠」という防衛のしくみ

正常環境に移されたとたんに開始された身長や体重の回復には、めざましいものがありました。健常児の身長の発達速度曲線は、乳児期に発達の大きなカーブがあり、ついで思春期に小さいカーブが描かれます。ＦとＭの場合も、この曲線に近似したパターンを描きました。全国平均とＦとＭそれぞれの身長の発達速度曲線を、図２－１に示します。

ＦとＭの身長発達速度曲線は、全国平均と全く同じパターンですが、圧縮されたパターンとなっています。このことから、二人は急激に回復を遂げたことがうかがわれます。

栄養が与えられず、言語や社会的、文化的刺激が与えられない状況下で、身長発達のプログラムは一種の〝機能的冬眠〟の状況に置かれていたのかもしれません。正常環境に戻されたとたんに、眠っていた、あるいは凍結状態に置かれていた二人の成長のプログラムが起動し、フルスピードで回復していったのでしょう。この機能的冬眠というしくみは、生体のからだを拡大せず、代謝を低め、たまにもらえるなけなしの栄養をまず脳に送って、そのダメージを最小限にしようとする、一種の防衛反応として機能したのかもしれません。

身体の発達速度曲線と同様に、救出後にプログラムが起動して通常の発達を取り戻した領域があります。二人とも、救出時には顎骨のレントゲンには永久歯の歯牙が写っていませんでした。つまり、乳歯のままで、生え変わる永久歯の歯牙がない状態でした。関係者は、二人が大人になったら総入れ歯にするしかないのではないかと心配していました。ところが、救出後六年半後に、前歯が抜けると永久歯が生えはじめ、顎骨には永久歯の歯牙が生えそろっていたのです。逆境にあって、いかに成長のためのガードが十全に張り巡らされているかを知らされたのでした。

さらに、幼形[2]（幼い容貌や姿）のままであったことも、大人の攻撃性を抑制する防衛の一種だったのかもしれません。比較行動学者のローレンツ[3]が指摘しているように、からだが小さく、歩けず、話せず、おまけに顔つきが幼ければ、養育者からの攻撃を避けることができます。機能的冬眠は、生体としての内部の代謝と、養育者の攻撃性の抑制という、両面での防衛のしくみとして機能した可能性があります。この二人の生育環境への柔軟な適応ぶりは、人間が何重ものガードに護られていることを物語っています。

2 愛着――再生への鍵

◆担当保育士への愛着形成の違い

FとMとでは、担当保育士への愛着形成に大きな違いがありました。乳児院に収容当初、姉のほうはすぐに担当保育士になつき、保育士との愛着関係を形成するのと同時に、社会性、身体発達や言語など、さまざまな面が順調に回復していきました。

一方、弟Mは、保育者になじめず、愛着を形成することができませんでした。特に対人関係の遅滞は顕著で、姉のFに対してはもちろん、仲間や職員、補償教育チームのメンバーにも、自分から関わりをもとうとはしませんでした。このように社会的に他者との関わりが見られない間は、言語や認知も回復せず、足踏み状態でした。

Mの停滞の原因は担当保育士との関係にあると推測されたため、後に「ストレンジ場面手続き」と呼ばれることになる心理学の手続きを開発して、担当保母との愛着成立の有無を調べることにしました。

ストレンジ場面手続きというのは、養育者と子どもの愛着関係を測定する方法で、次のような手順で進めます。まず、子どもと保育者がプレイルームのおもちゃで遊びます。遊びが展開したところで、保育者がプレイルームから出て行きます。すると、残された子どもがどうするか、保育者が退室すると分離不安を示し、保育者の後を追い、自分も部屋から出ようとするかを観察します。また、保育者がいないときに、子どもにとって知らない大人（ストレンジャー）が部屋に入ってくると、緊張して遊べなくなるか、再び保育者が部屋に入ってくると、安心して遊びに戻れるかなどを、順番に観察していきます。この手続きは、その後エインスワースたち[4]によって「ストレンジ場面手続き」として定式化され、親子の愛着関係を測定する方法として広く使われるようになりました。

Fは、担当保育士が退室すると、慌てて遊びをやめて「チェンチェー、チェンチェー（先生、先生）」と、保育士に聞こえるような大きな声で呼びかけ、保育士の後を追って部屋から出ようとしました。またストレンジャーが近づくと不安が大きくなり、泣きながら保育士に助けを求めました。

一方、Mは担当の保育士が退室しても分離不安を示すことは一切ありませんでした。また、見知らぬ人が入室しても人見知りをせず、自閉的な遊びをし続けていました。そして見知らぬ人が関わろうとしても無視して、自分の遊びを続けていました。弟は担当保母を他の保育士と区別せず、特別になつくということはありませんでしたが、そのことが、この手続きにおいても確認されたのです。

FとMを担当したどちらの保育士も、保育暦十五年以上のベテランでしたが、二人の持ち味は少し違っていました。Fを担当した保育士はおおらかでゆったりしていました。Mを担当した保育士は何事にもきちんとしていて、細部にわたる配慮のもとに保育を実践するタイプでした。もし二人の担当が逆だったなら、遅れの著しいMも保育士になついたかもしれない、Mの担当保育士が問題なのではなく、保育士と子どもの「相性」があわなかったのではないかと考えられました。

姉Fは弟Mに、他の子どもとは違う関わりをしようとしていましたが、MはFに特別な関心を示しませんでした。そこで、きょうだい意識を育てる上でも、同じ担当保育士にきょうだいを担当していただけないか、園にお願いすることにしました。

こうして、MもFを担当していた保育士に任せることになりました。担当が変わった直後から、Mは新しい担当保育士との間に非言語的なやりとりが見られるようになり、Fや他の保母、乳児院の仲間へと対人関係が広がったのです。愛着成立が回復の鍵を握っているのではないかという推測は、的中したのでした。保育士の交替は、対人関係だけではなく、認知発達面の改善や言語回復にも良い効果をもたらしました。対人関係の改善と軌を一にして、足踏み状態に置かれていたMの認知・人格・言語の回復が加速されるようになったのです。このことから、特定の人との愛着関係が、対人関係の拡大やさまざまな学習の機能的準備系になっていることがうかがわれます。

救出後、Fは保育士になつき、愛着関係を順調に成立させることができました。一方、弟は最初の保育士になつけず、他の大人たちや仲間とも関係をもとうとしませんでした。しかし保育士の交替により、新しい保育士になつくようになると、それまで停滞していたMは、猛スピードで回復していったのです。まさに自然の「実験」でした。

以上のことから、次の三点が明らかになりました。第一に、養育者と子どもの間の愛着は、後からでもつくり直せること、第二に、養育者との愛着関係の成立により、遅滞から再生・回復できるということ、第三に、自生的な成長への生体のプログラムが起動するかどうかの鍵は、養育者との愛着の成立であること、です。

◆FとMの言語発達の経過

FとM、二人のきょうだいの言語発達経過をまとめてみましょう。

（1）二人は、正常な言語を獲得しえたか――社会的相互交渉の手段である言語の外言的コミュニケーションの側面では、予想外に速やかな発達を遂げました。日常場面では、他児と遜色はありません。Fは場面に応じて敬語、丁寧語、謙譲語を使いこなし、美しい日本語で話します。書きことばも問題ありません。

（2）その言語獲得過程は、普通児と同じプロセスをたどるか――Fにおいては、喃語期・初語形成期（成人の模倣や語彙の拡大使用）は観察されず、いきなり社会的言語習得期から開始されました。きわめて短期間に、社会的言語獲得が達成されました。語彙の獲得速度や二語文開始時期が、第1章で述べたジニーや正常児に比べてかなり早く、また、「回復良好」のイザベルの場合と同様、言語についてかなりの潜在学習があったことがうかがえます。

一方Mは、意味不明のジャーゴンや錯音（たとえば、ツクル→クチュル）がきわめて多く、言われたことをそのまま繰り返す反響的反復と自発的発話が混在する初語形成期が長く、救出されて五ヵ月後の翌年四月に、保育士の交替に伴って新しい保育士との間に愛着が形成されるようになってから、社会的言語の順調な回復がなされるようになりました。このことは、言語獲得と愛着の成立とが機能的に関連していることを意味しています。愛着は、子どもが非言語的コミュニケーション・ルーチン[5]を形成した大人との間の心理的絆を指していますが、このルーチンは、対人関係や言語獲得の先行条件となるものと考えられます。

◆二人の言語的欠陥はどこにあるか

（1）発音（音韻規則）――Mは音韻面の遅滞が著しく、錯音や発音不明瞭による意味不明語が後まで残存しました。普通児に比べ、その期間はかなり長く、しかも、音量調節がうまくできず、場面に不相応に大声あるいは小声になるなどが見られましたが、これは、発声器官の未成熟に起因すると考えられます。

（2）文法能力（統語規則）――FもMも、受動文と能動文の変換や使役文などにおいて文生成の基礎となる変換ルール（たとえば、受動文・能動文の変換）が使えず、日常的表現で代替してしまいました。変換ルールの習得は日常的言語刺激の豊富化や、テスト場面や学校で形式的言語を使う経験を積んでも必ずしも補償されず、計画的な学習プログラムによる自覚的学習が必要でした。

（3）内言機能（意味規則）――ＩＴＰＡ（イリノイ式言語学習能力診断検査）や知能テストの結果から、二人とも記憶機能、連合機能、推理機能などの遅滞と軌を一にして、文脈独立の形式言語、思考言語としての内言機能が遅れていました。

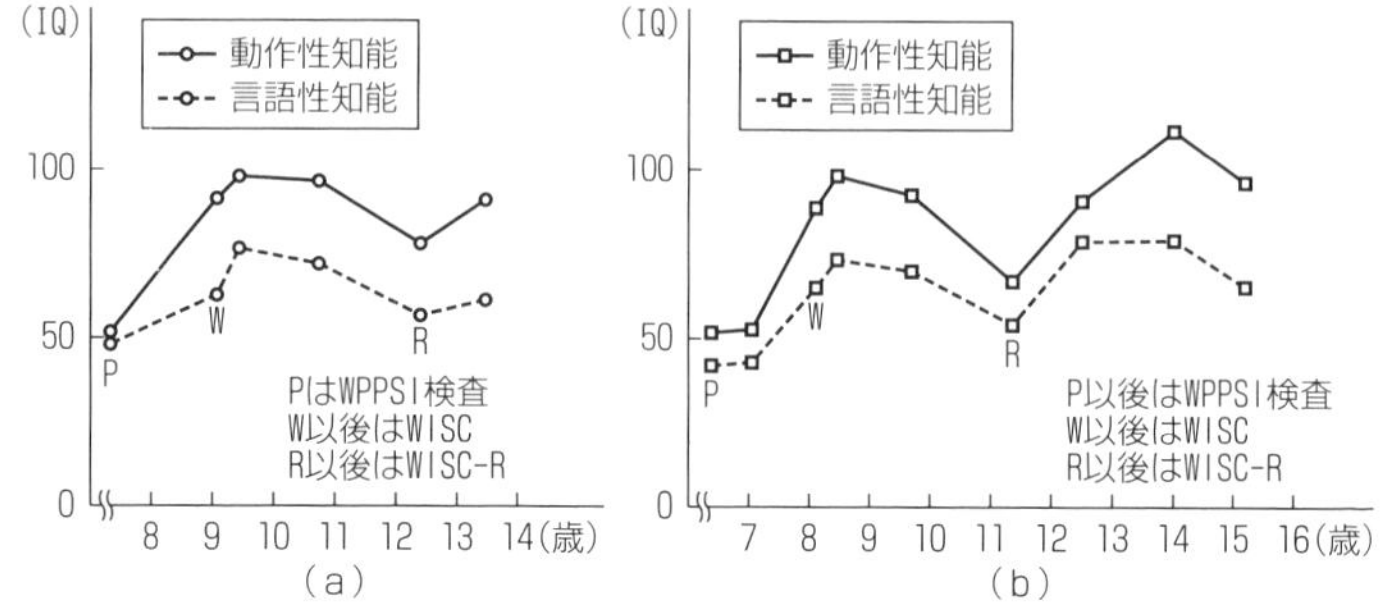

図２－２　ＦとＭのWISC系知能診断検査の結果（藤永他，1987[1]）

この傾向は、知能検査（ＩＱテスト）の言語性テストの成績が低いという結果にも現われました。知能は運動性知能（ＰＩＱ）と言語性知能（ＶＩＱ）の二つの面があります。運動性知能とは、図形のパターンを見分ける課題で測定されます。図の全体を見て同時に処理することが必要になります。一方、言語性知能は反対語を類推したり、文を完成させたり、文章を記憶し再現するなど、ことばを使って解決する課題で測定されます。単語は順番に並べていきますから、時系列にことばを処理していくことが必要になります。

二人とも運動性知能は１００～１２０であり、遅れは全く見られませんでした。しかし、言語性知能は非常に低く、知能遅滞の範囲に入る、50でした。全体的な知能指数（全ＩＱ）は、運動性知能と言語性知能の両方から算出されますが、二人とも約70と、精神遅滞児と定型発達児の境界にある数値で、遅滞傾向があることがうかがわれます（図２－２）。

しかし、イギリスで開発された知能テスト（ＲＡＶＥＮのプログレッシブ・マトリシーズテスト）で測定すると、二人とも、クイズでも解くように面白がって図形問題（図２－３）を次々解いていき、短時間で全問を解いてしまいます。このテストで測定した知能偏差

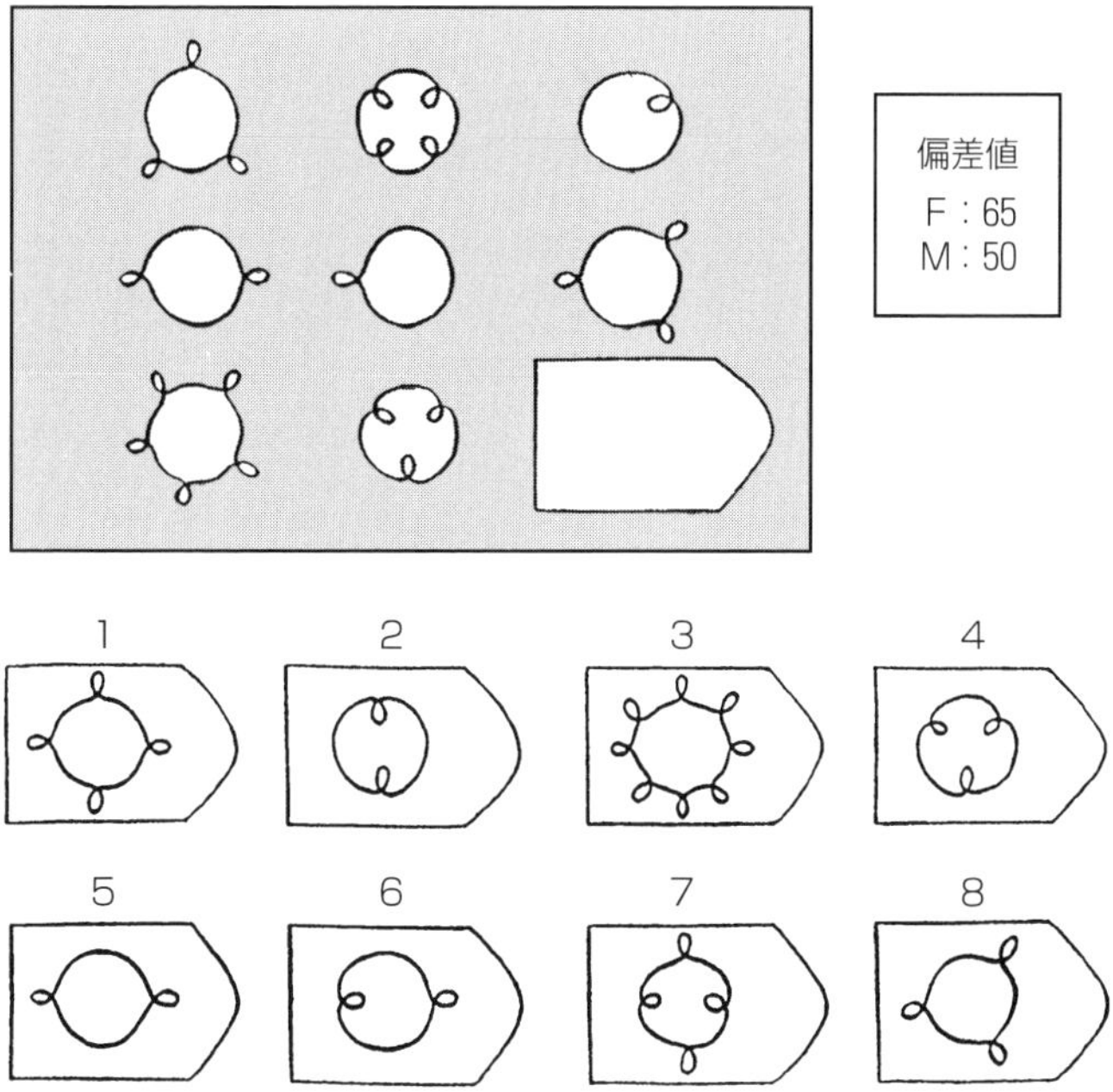

図２－３　プログレッシブ・マトリシーズテストの図版例とＦとＭの偏差値（平均＝50）

値は、Ｆは65、Ｍは50と、問題がないばかりか、非常に優れていると言えます。

知的能力というのは、多面的で豊かなものです。テストで知的能力を測定しようとすると、知的能力の限られた側面しか測れないということを知っておくべきでしょう。テストが違えば、測定された知能値は異なるのが当然なのです。

測定知能から二人の知能の発達を判断すると、知的能力のうち言語情報処理、あるいは時系列処理を必要とする課題では精神遅滞児レベルであっても、直感像処理、あるいは同時的処理は優れているのです。おそらく、Ｆは六歳から、またＭは五歳から言語習得を開始したので、ことばによる時系列処理は後発であり、情報処理容量も発達していないこととあいまって、時系列処理が不得手なのでしょう[6]。

人間以外の言語をもたない動物種は、もっぱら外界認識において同時処理を使っています。環境の中に異変を見つけたらすぐに逃走態勢に入るには、同時処理が有効なのです。FとMも、言語をもたないままで育児放棄されていた間、同時的処理で外界の認識をしていたのではないかと推測されます。

育児放棄児の知的能力の回復にも、情報処理スタイルのどの面が遅れているか、ダメージを受けているのは時系列処理か、同時処理か、言語獲得開始時期と絡めて教育の対策を立てる必要があることを示唆していると言えるでしょう。

◆言語・認知発達に依然として残る欠陥

Mには、音韻面の遅滞が後まで残り、発音の誤りが多く見られました。ITPA（言語学習能力診断検査）で測定した言語学習年齢は二人とも暦年齢よりも三年半の遅れが見られ、プロフィールの凸凹は加齢に応じて大きくなりました。プロフィールの谷は、短期記憶が絡んだ課題の得点が低いことによります。このような課題の得点が加齢に応じて伸びていかないため、他の領域が伸びているのとは対照的に、プロフィールの谷が加齢に応じて深くなっていったのです（図2-4）。

二人とも、プロフィールは同じで、同じ乳児院、養護施設で育った他の子どもたちのようになめらかなプロフィールを描くことはありませんでした。これは、言語獲得を支える認知能力のうち、記憶機能、推

Fの言語学習年齢のプロフィール

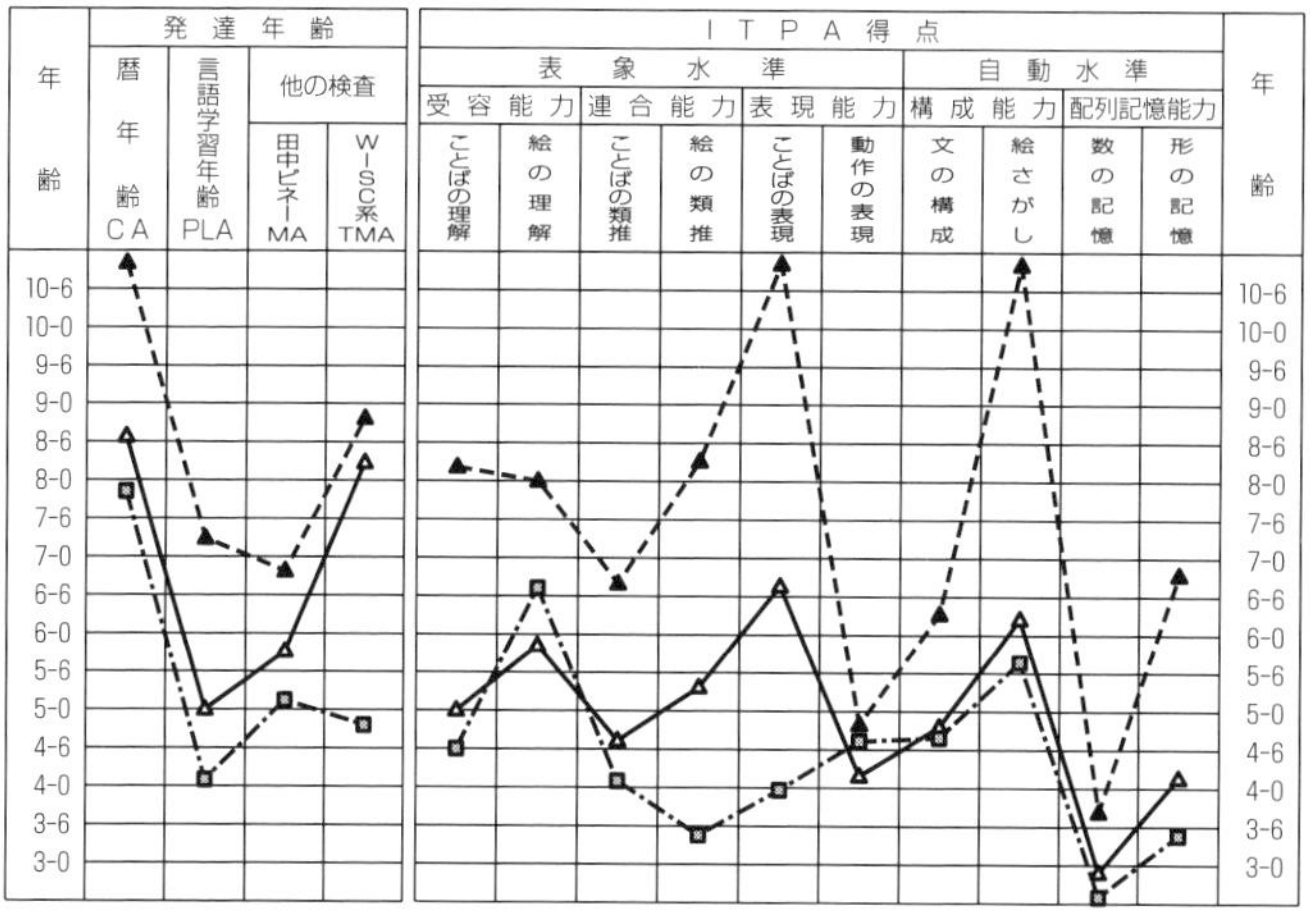

Mの言語学習年齢のプロフィール

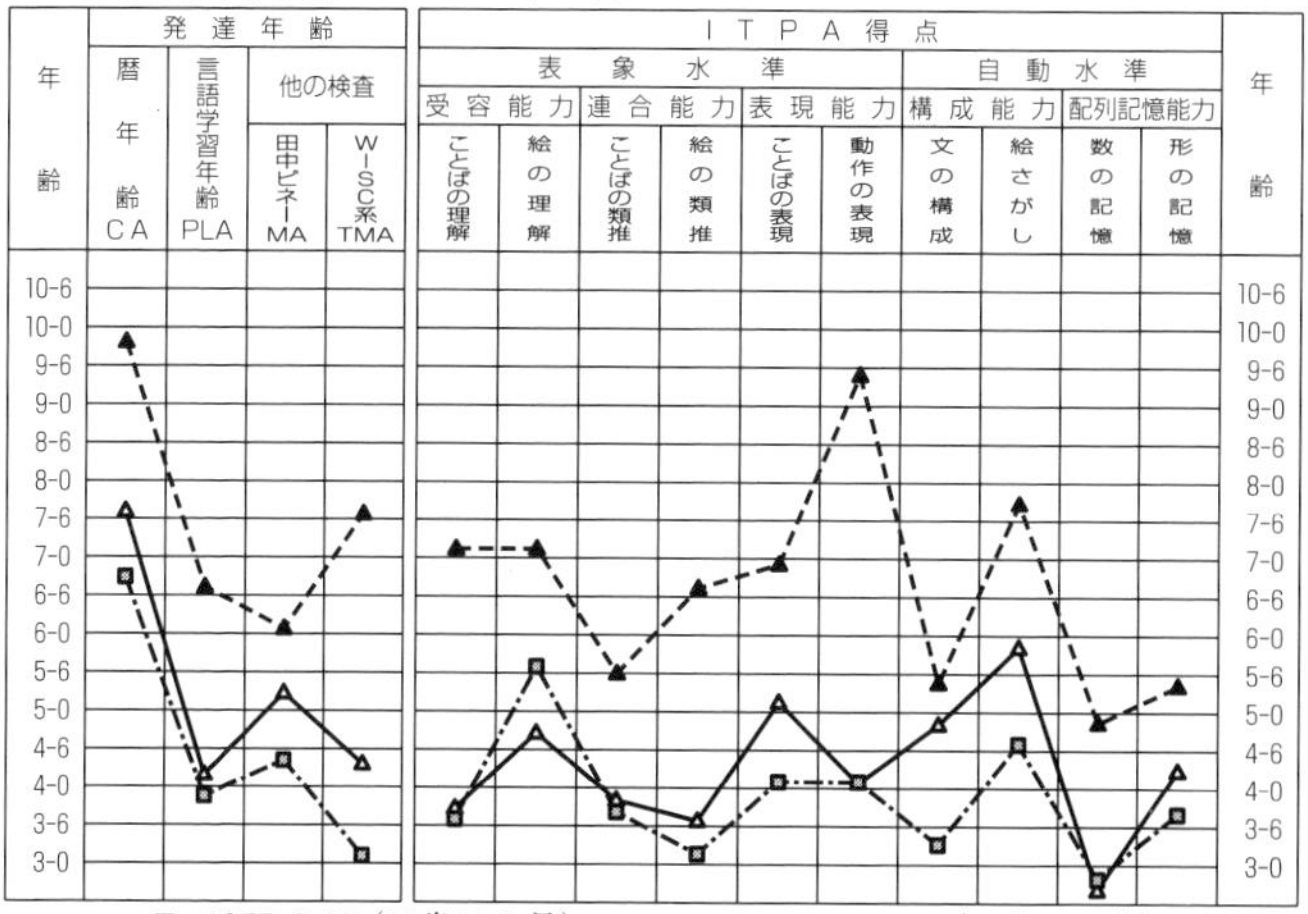

F：1977.9.17（10歳11カ月）▲- - -▲ M：1977.9.17（9歳11カ月）
F：1975.5.31（8歳7カ月）△——△ M：1975.6. 1（7歳7カ月）
F：1974.9.21（7歳11カ月）■-·-·■ M：1974.9. 8（6歳10カ月）

図2-4　FとMの言語学習年齢のプロフィールの比較

（内田，1987[7]）

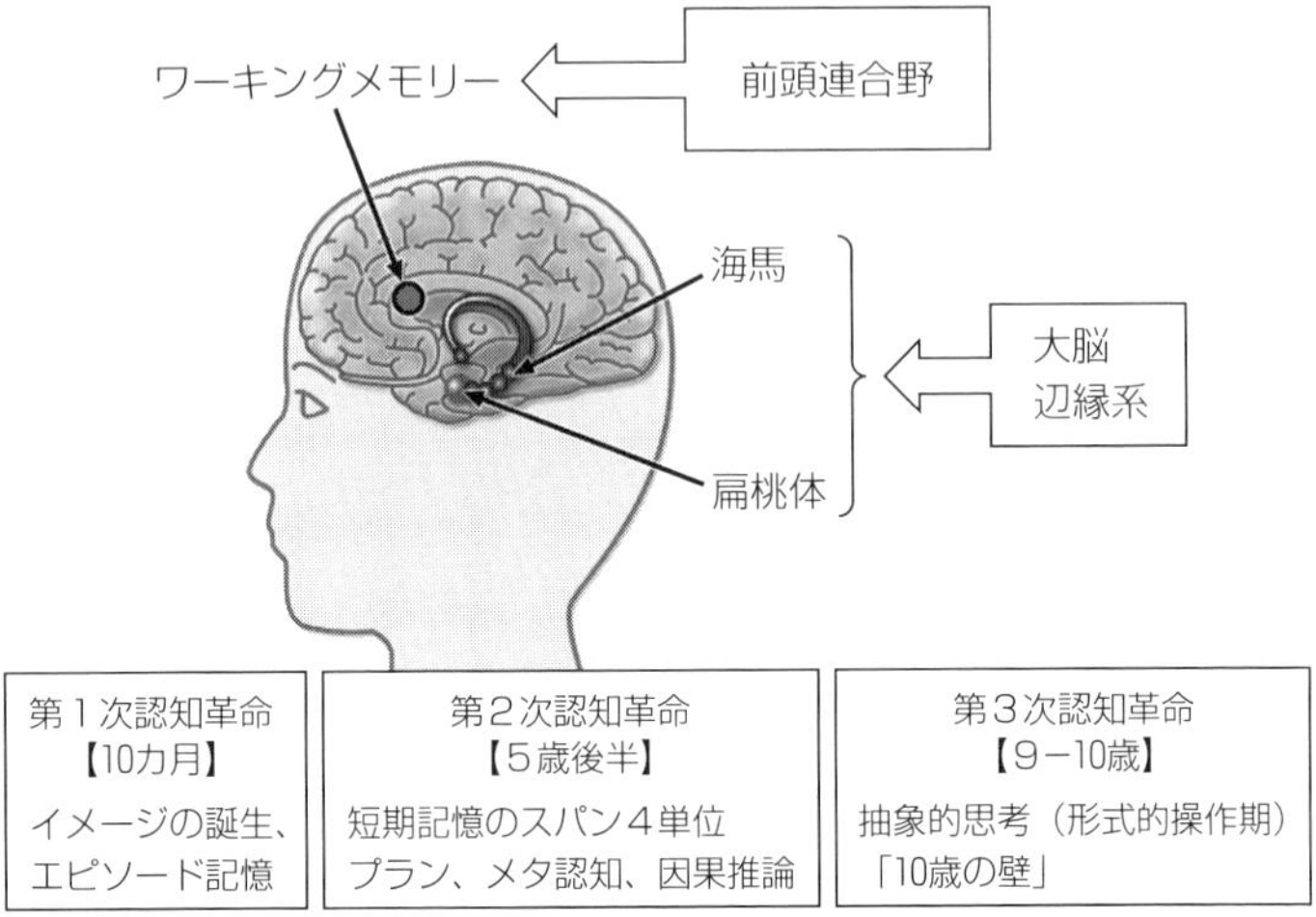

図２－５　言語情報処理系には臨界期があるか？

理機能、連合機能に遅れがあることを示しています。特に、文の復唱や数字の順唱・逆唱で測定する「短期記憶範囲（認知的処理資源）」は狭く、二人とも三単位止まり（たとえば、数が三つまでしか復唱できない。四歳児レベル）です。課題に注意を集中しているときでも、四単位を越えることはありませんでした。時系列処理を促すため、脳の前頭連合野のワーキングメモリー（作動記憶）の働きを増すことをねらって特別に開発した訓練プログラムを実施しましたが、効果は見られませんでした。

短期記憶や、時間や場所に関係づけられた記憶である「エピソード記憶」は、大脳辺縁系の海馬や扁桃体で営まれています（図２－５）。この部位は、生後一〇ヵ月～五歳にかけて成熟し、イメージが誕生するのと軌を一にして、情報処理の質的変化が起こります。この時期の認知発達の質的変化を「第一次認知革命」と言います。さらに、五歳後半頃には、自分の思考や行動を対象化して認識することができる能力であるメタ認知機能や、行動を計画するプラン機能、可逆的操作などが連携して働くようになる認知発達上の変化である「第二次認知革命」が起こり、認知発達は質的に変化します。そして抽象的思考段階に入る九、十歳頃には、「第三次認知革命」[7]が起こり、情報処理の質は大人と同様に高くなります。

これらの認知発達の質的変化は、その背景にある神経学的基盤の成熟段階と軌を一にしているものと推定されます[8]。ルール学習や情報の入出力を担う「ワーキングメモリー」(作動記憶)は、幼児期から青年期にかけて成熟します。虐待を受けた子どもたちの大脳辺縁系やワーキングメモリーは、栄養の不給やストレスによって一二〜一六パーセントも萎縮することが知られています[9]。FとMは、訓練によってはワーキングメモリーや短期記憶の機能を回復させることができませんでした。このことからも、エピソード記憶や情報処理を司る大脳領野の成熟には、「臨界期」があるのではないかと推測されます[10]。

短期記憶のスパン(たとえば、数の逆唱や文の復唱によって測定します)が常に三単位(四歳児レベル)に留まっているということは、彼らにとって連合学習や機械的な記憶が苦手であり、九九の暗唱や漢字書き取りのようなドリル学習に困難があることを意味しています。そのため学校の学習において、通常の子どもよりも多くの努力を要するので、本人たちの学習への動機づけがない場合には、学習についていくことが難しくなります。一方、日常の意味記憶、たとえば、修学旅行で訪れた地点やコース、料理の手順など、目的意識や快感情を伴う経験の記憶には、全く欠陥は見られませんでした。そこで、回復治療チームの目標は、彼らにどうやって「やる気」を出させるか、学習への動機づけをもたせるかということでした。

このように、二人とも外言的コミュニケーションはほぼ完全に回復しましたが、内言あるいは形式言語の面の遅れや欠陥は残存し続けています。この言語回復の経過から、もし言語発達に「臨界期」があるとするなら、言語の諸側面、つまり、意味面か、語彙か、統語規則か、音韻規則か、発音の領域かで違いがあると考えられます。統語規則、特に変換ルールの習得や音韻規則の習得などの臨界期はアメリカの心理学者レネバーグ[11]が想定したよりも早く、幼児期の終わり頃までであると考えられます。また記憶機能が関わる言語領域はさらに早いことから、記憶や情報処理容量を司る中枢の生物学的成熟の時期と関連させて再検討することが必要です。

3 人間発達の可塑性――子どもの自生的成長へのガード

◆二人の言語発達経過の違い

Fは、初期から音韻面・意味面・文法面・コミュニケーション面のいずれについてもMに比べて優れており、回復ペースは速く順調でした。これに比べ、Mはさまざまな面の遅滞が著しく、担当保育士との間に愛着を形成できなかった半年間は、回復は足踏み状態に置かれていました。担当保育士が交替したことにより、Mは担当保育士になつき、外言的コミュニケーションの面が回復し、仲間や担当以外の大人との対人関係も成立するようになりました。しかし、二人の差は縮まりませんでした。青年期に達しても、さまざまな面で二人の回復経過や到達度は異なっています。このような違いは、なぜ生じたのでしょうか。

◆生物学的性差がもたらす違い

まず、二人の回復経過や到達度の違いは、性差によってもたらされた側面があると考えられます。一般に、男児は女児より「脆弱性」が高いのです[12]。そのため、同じような環境ストレスを経験しても、Mのほうが受けるダメージの程度が大きかったものと推測されます。

また、ものごとの認識や解決能力、あるいは、言語の流暢さなどにおいても性差のあることが知られています。男児は心的回転能力や図形認知に優れていますが、女児は、言語が流暢で、手先が器用であるという違いがあります。実際、Mはモノの因果的成り立ちに興味をもち、青年期になると、図を使って天体の惑星のしくみなどを説明しました。FはMに比べて概して言語獲得が速く、幼稚音などの発音の問題も比較的ありませんでした。また手先が器用で、上手に折り紙を折ることもできました。青年期には手を使う活動、たとえば洋裁や編み物なども得意でした。

さらに、こうした性差は、脳の発生過程の性差と関連している可能性があります。脳の成熟速度に男性ホルモンであるテストステロンが影響を与え、受胎後一八週目以後から、男児の脳機能の成熟速度は女児よりも遅くなります。その結果、出生直後の女児の左脳は、女児の右脳、男児の左脳・右脳よりも成熟の度合いが進んでいるということです[13]。これは、発声行動のコントロールが必要な時期に、女児のほうが左脳が有利な準備状態にあることを意味しています。女児の言語発達のほうが早く、しばしば、発音が明瞭で話し方が流暢であるなどの現象は、女児において言語野のある左脳の成熟の度合いが進んでいるために生じるのかもしれません。この脳機能の成熟の性差が、FとMの言語回復の差異に反映しているという可能性も考えられます。

◆二人の気質の違い――「物語型」か「図鑑型」か

二人の対人関係の違いは、隔離時の状況下での人との関わりの違いに関連があると考えられますが、さらに二人は、気質、すなわち、「対人・対物システム」（外界や対人関係への関心の持ち方）においても異なるのかもしれません。Fは最初からやりとりの中で自己の感情や意志を表現することばの獲得が早く、対人関係にとても敏感でした。一方、Mは、周りの人間には鈍感で、「これなに？」を連発して物の名前を尋ねようとしました。

向井[14]は、一〇ヵ月の母子を対象にしてプレイルームで遊んでもらい、母子が環境に慣れておもちゃで遊びはじめたところで、乳児が見たこともない「犬型のロボット」を提示するという発達心理学実験を行いました。すると、三〇名の乳児のうち一二名は母親に「あれ何？」という表情で母親に問い合わせる「社会的参照」[15]を行いましたが、残りの一八名は母親の表情を確認することはなく、犬型ロボットにくぎづけになり、面白そうな表情をしてロボットを見続けました。なかには、犬型ロボットがなぜ動くのかを知ろうとするかのように、興味深そうに近づいて観察する子どももいました。一八ヵ月児でも、同様の結果が見いだされました。子どもたちの発話語彙を調べてみると、社会的参照を示しやすい子どもたちは挨拶や感情表現語が多く、人間関係に敏感であると推測されたので「物語型」と名づけられました。一方、犬型ロボットから目を離さなかった子どもたちの語彙は、九割以上が名詞であり、物の因果的成り立ちに注意が引かれるので、「図鑑型」と分類されました[16]。

興味深いことに、母親たちのことばかけも、乳児の気質（対人対物システム）に合わせて調整されていました。物語型の子どもには、母親は「わんちゃんよ。こわくないよ。かわいかわいしてね」と、社会情動的関わりを促すようなことばをかけていました。一方、図鑑型の子どもには、「〇〇ちゃんのわんちゃんとは違うけど、これもわんちゃんよ。あらしっぽがクルクルうごくのね。キャンキャンなくのね。おもしろいね」というように、対象を分析的にとらえたことばかけをしていたのです。母親は子どもの特徴に敏感で、子どもの気質に合わせて働きかけを調整していることがうかがわれます。

周りの人々に無関心で対人関係に無頓着なMと、人目を気にしてなかなか自分をストレートに表現しないFとの違いは、二人の気質の違いをうかがわせます。Fは人間関係に敏感で、感情表現的な[17]「物語型」の子ども、Mは物に興味が引かれ、名称指示的な「図鑑型」の子どもに属しているように思われます。このような気質の違いも、救出後の人間関係への敏感性の違いを生んだのかもしれません。

◆暦年齢の差がもたらす生活環境の違い

二人は、暦年齢一年の差があります。Fの場合は隔離前に母親から哺乳され、多少なりとも世話を受けた可能性があります。ところが一層悪化した家計状況の中で生まれたMの場合は、母親も完全に育児放棄をしていたものと思われます。Fは最初期から保育士や同輩と愛着を成立させましたが、Mは保育士や同輩に無関心でした。この違いは、収容前の二人の母子関係に差があったことを推測させます。

育児放棄されていた期間に、二人に関わりをもった同胞は、二歳年上の姉と言語遅滞のある一歳年上の兄でした。彼らは、食べ物が残れば、それを廊下の隅の小屋に持っていったと証言しています。そのとき、社会的なやりとりが生じた可能性はあります。

しかし、FとMの救出後の対人関係の相違を考えると、年齢の近い子どもとの関係の成立は、大人との関係を前提にしなければ有効になりえないということを示唆しているのかもしれません。

第1章の表1－1にあげた、「回復良好」のP・MとJ・Mの事例も、この推測の傍証となります。二人の双生児は実父と継母に引き取られる前の乳児院では保育士との間に愛着を成立させており、地下室幽閉後の二人の活発な社会的やりとりの土台となったと推測されます。

◆乳幼児期の「愛着」――人間発達の「機能的準備系」

第1章の表1－1の養育放棄された子どもたちと、本章で取り上げたFとMの回復経過を見ると、大人との愛着の成立が外言的コミュニケーションや対人的適応への機能的準備系として、きわめて重要であることが示唆されます。

発達心理学者ボウルビー[18]は、愛着の発達には言語発達と非常によく似た臨界期があり、ほぼ三歳であると仮定しています。しかし、隔離児が救出され、正常環境に戻されたとき、姉弟の暦年齢はそれぞれ、六歳、五歳でした。姉Fは救出後すぐに担当保育士になつき、順調に回復していきました。弟Mは救出後六ヵ月間回復が停滞していましたが、相性のよい担当保育士に交替したのを機に、コミュニケーション技能が習得されました。このことから考えて、愛着形成において単純な暦年齢による臨界期を仮定するのはふさわしくないと思われます。

養育放棄された子どもたちは、いかに発達遅滞を起こしていても、特定の大人との間に頻繁に社会的なやりとりがなされ、コミュニケーション技能の練習の機会が与えられれば、容易に遅れを取り戻し、年齢にふさわしいコミュニケーション技能を発揮するようになるということがわかります。対人関係の発達には母親だけが大切で、母子関係がすべての基礎になるわけではないのです。父親や祖父母、養母、保育士などを含めて、広い社会的つながりの中に置かれているということが重要なのです。

◆青年期は第二の誕生期

ＦとＭは、就学猶予二年を経て小学校に入学してから、順調に中学、高校へ進学し、成績もしだいに上昇していきました。青年期に入ってから、Ｆは自分自身の記憶能力の低さを認識し、それを克服するための努力をしようという動機づけが見られるようになります。高校時代にＦは文章完成テストで、「私の頭脳（あたま）」に続けて、「は、暗記力がないのですぐには覚えられない。でも時間をかけて覚えられる。」と完成させました。自己の能力への省察を踏まえて、努力すればできるという自信をうかがわせる作文です。また「わたし」に続けて、「は、大人しい方ではなく、友だちともよく会話し、ごく普通の女学生として毎日を暮らしています。」と作文しています。この文から、Ｆの自尊感情の高さがうかがわれます。

試験前に何度もドリル学習をしたり、ノート整理をしたり、調理実習に向けて練習したりして、勤勉に努力するようになりました。これは学業成績の上昇という結果をもたらしました。

またMも、中学の部活に打ち込み、良い成績を収めました。温厚な性格もあって、教師や級友たちにも信頼され運動部の部長にも選出されました。Fに比べれば自己の能力に楽観的ではありますが、自分が興味をもったことがらには積極的に取り組もうとする態度が見られ、まじめに努力するタイプの青年になりました。このように、思春期以後の言語や認知発達を促進したのは、自分自身を自覚的に内省し、自分自身を高めたいという動機づけの側面だったのです。

実際彼ら二人とも、大変な努力家です。ドリル学習への努力も人一倍しました。自力で県立高校にも合格し、学習や実習にもこつこつ努力し、卒業時には上位の成績となっていたのです。

FもMも、青年期で飛躍的に成長を遂げたのはなぜでしょうか？　神経基盤にその秘密を解き明かす鍵があると推測されます。先に述べたように、彼らの短期記憶のスパンは三単位に留まり、機械的記憶やドリル学習には困難がありました。しかし学習への動機づけがあれば、かなりの努力を要するものの、この制約を乗り越えることができるのです。

最近の脳科学が、二人の青年期での飛躍的な成長を解き明かしてくれます。脳は受胎してから神経細胞どうしのネットワーク（連絡路）を形成してシナプス（神経細胞どうしの連結部）をどんどん形成し、新皮質の厚みが増していきます。誕生後、無駄なシナプスは植木を剪定するように刈り込まれ、二十歳頃までに皮質は薄くなっていくというのが、これまでの定説でした。ところが、脳科学者のゴグテイら[19]は、青年期に、大脳新皮質の前頭連合野にシナプスが形成され、前頭連合野の厚みが増し、やがて刈り込みにより皮質が薄くなっていくことを見いだしたのです。大脳皮質の厚さはなだらかなS字型曲線を描いて薄くなるのではなく、図2－1の身長の発達速度曲線と同様に、思春期にもう一度山が高くなり、やがてなだらかに薄くなる曲線を描くということを証明したのです。

この知見は、脳の成熟過程についての従来の学説を覆す画期的なものです。この知見によって、脳は青年期に第二の誕生期を迎えることが明らかになりました。大脳は乳幼児期に神経系のネットワークを形成して新しい機能をもつことのできる自立的な機能的器官ですが、さらに、青年期にも意思や動機づけにより、新しいネットワークを形成し、環境情報を制御し、自分自身を成長させようとする自律的な機能的器官であることが証明されているのです。

以上から、人間発達を規定する要因は遺伝か環境かの択一ではなく、遺伝も環境も相互作用し相乗効果的に高まっていくことが追認されただけではなく、遺伝要因には臨界期をもつ領域と、適切な養育が得られなくても防衛機制によって基本機能が維持される領域があることも示唆されたのです。環境要因は特定の人との愛着の成立と共に起動され、プログラムを走らせはじめます。愛着の成立が人間化への鍵を握っているとことがうかがわれます。社会的存在としての「人」は、人との関わりの中で、はじめて「人間」になるのです。

◆人は生涯発達し続ける

現代社会は子どもたちにとっても、親にとっても、厳しい時代です。しかし、この二人の事例から、人がいかに多くの潜在的な可能性をもち、その開花のために何重ものガードに守られているかがわかります。

一時、「母親が原因で増える子どもの異常」[20]をさして「母原病」ということばが流行語になりました。このことばは、母親だけが子どもの発達の責任を負っているかのような印象を人々に与えました。しかし、育児放棄された子どもたちの事例は、初期の母子関係のみが人間を発達させるのではないことを教えています。

乳幼児期の発達の速度は、確かに人間の全生涯のうちで最も大きいものです。周りのものやことについての一貫性ある世界をつくるのに、最も大切な時期であることも確かかもしれません。ですが、発達を飛躍的に進める機会は、青年期にもやってきます。おそらく人は、生涯を通じてさまざまな機会に、たとえ量的には乳幼児期に及ばなくても、質的には高くなる可能性をもっているのではないでしょうか。幼児期を通じて隔離され、栄養面はもちろん、知的、社会的にも非常に制限された、閉ざされた環境に置かれたとしても、それを克服する自生的な成長の力は大きいのです。

人は生涯発達し続ける存在です。発達の可塑性はきわめて大きいのです。育児放棄された子どもたちの事例は、初期の母子関係のみが人間を発達させる決定因ではなく、後からやり直しや修正がきくという希望を抱かせてくれます。子どもは親だけでなく、同胞、仲間、さらに、近隣の人々、保育士や教師、さまざまなメディアを通しての人々――そうした人々との出会いと社会的なやりとりを通して、「人間化」に向かって歩み続けるのです。

産みの親により虐待され、無視されて生きる力を萎えさせ縮こまっていた子どもたちも、一人の人格をもつ存在として子どもに向き合ってくれる人との出会いによって息を吹き返し、生き直しができるのです。

何よりも、人間どうしのつきあいの中で、心を込めて、「生まれてきてよかった」「あなたの人生の主人公はあなた」というメッセージが伝えられるとき、子どもは力強く歩みはじめます。人の生涯の歩みに、「遅すぎる」という文字はないのです[21]。

虐待や育児放棄からの再生の鍵は、身近な大人との愛着の成立です。不幸にして発達初期に身近な大人との間に愛着を成立しえなかったとしても、後からやり直しができるのです。このやり直しにはことばが蔦のように絡みついています。大人との社会的やりとりと自分自身との対話の往復運動の中で、心の絆の結び直しがおこります。ことばは自己を内省し、他者との絆を結ぶ鍵なのです。

次章では、他者との対話、自分自身との対話の担い手である「ことばの力」について考えてみましょう。

第3章　ことばの力──書くこと・考えること・発見すること

前章では、育児放棄された子どもたちが養育者との愛着形成を契機にして発達遅滞から回復し、青年期に自分を高めたいという意志の力で見事、社会復帰を果たしたFとMの物語を紹介しました。二人は青年期に、自分は何をしたいのか、自分はそもそも何者なのかと、自分探しを行うようになりました。この問いをつきつめる過程にはことばが蔦のように絡まり、認識を深めていきました。本章では、ことばが人の認識過程に何をもたらすのか、書くことによりどんな新しい発見があるのか、作文の心理学の知見から、ことばの力について考えてみましょう。

1　読み書きを獲得すると認識のしかたは変わるか

◆会話のことばから文章のことばへ

幼児期から、子どもたちは読んだり書いたりという活動を開始します。読み書きの能力のことをリテラシーと言いますが、リテラシーを習得することによって、私たちの認識のしかたはどのように変わるのでしょうか？

リテラシーを習得すると、ことばの性質が変化します。目の前の相手にメッセージを伝えるための「一次的ことば」から、メッセージを伝える相手が目の前の人とは限らない「二次的ことば」へと変化するのです。「一次的ことば」は会話の状況に依存し、目の前の相手の反応を見ながらことばを補足できます。しかし「二次的ことば」は、時間空間を隔てた相手に向かって語りかけることばなので、メッセージを出しながら受け手の反応を見ることはできませんし、相手に合わせてメッセージの表現方法を調節することもできません。そこで「二次的ことば」には、５Ｗ１Ｈの情報、つまり、「誰が（Who）、いつ（When）、どこで（Where）、誰に対して（Whom）、何を（What）したか、どうやって（How）したか」をすべて盛り込む必要があります。一次的ことばを産出するときと、二次的ことばを産出するときでは、頭の使い方がまるで違うのです。一次的ことばはその場の雰囲気で会話の相手に助けてもらいながら産出しますが、二次的ことばを産出するときには、受け手の反応の助けがない分、心的負担がずっと大きいのです。一次的ことばは相手に気を遣います。しかし二次的ことばは、頭を使います。目の前の相手の反応を見ながら会話を進めるか、読む人の経験や既有知識を想定し、それに関係づけて文章のことばを選ぶかの違いと言ってもよいでしょう。二次的ことばに移行することで、ことばを生み出すときに費やす心的負担はずっと多くなります。二次的ことばに移行することで、認識には質的な変化が起こるのではないかと想定されます。

◆就学経験の影響

リテラシーの習得は、言語や思考に大きな影響を与え、抽象的な思考の発達に貢献するという知見が数多く報告されています[1]。小学校では組織的系統的なリテラシーの教育が行われます。子どもは就学により、リテラシーを体系的に自覚的に学ぶようになるのです。そこで、多くの研究が、就学経験と認知発達とは関係が深いことを証明しようとして、就学経験のある人と就学経験のない人とで、問題解決の成績に違いがあるかどうかを見ようとしました。

そういう研究の中でも、グリーンフィールド[2][3]の研究は、就学経験の有無、都市か農村部かという居住地区の違いで被験者群を統制している点で優れています。

グリーンフィールドは、セネガルのウォルフ族を対象にして、絵カードの分類課題を与え、就学経験や居住地域の要因が認知発達にどのような影響を与えるかを調べました。

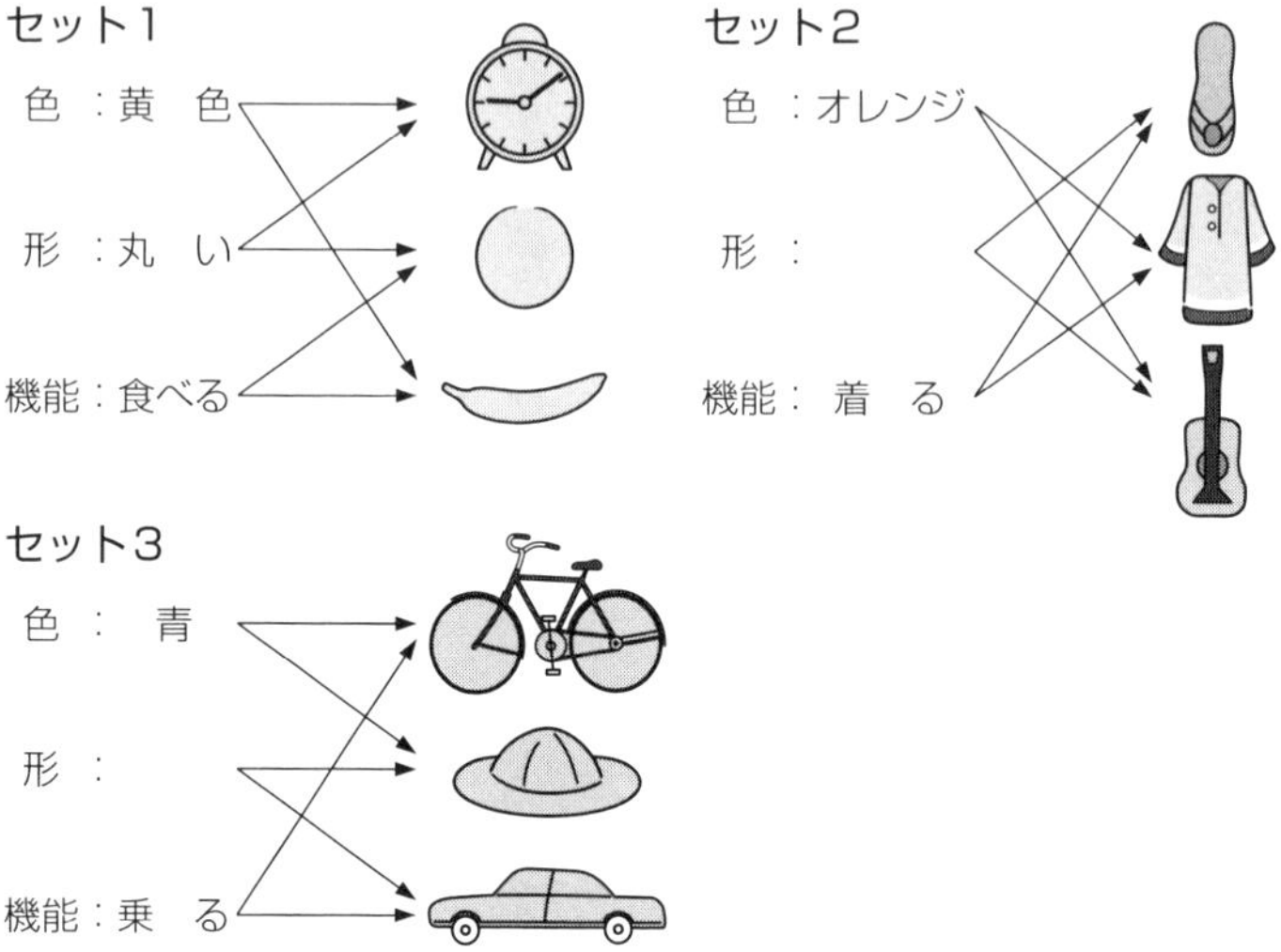

図3－1　グリーンフィールドの分類課題の図版

(Greenfield, 1966[2])

セット1：置き時計、オレンジ、バナナ
セット2：サンダル、ブーブー（ウォルフ族の長服）、ギター
セット3：自転車、ヘルメット、自動車

被験者は、（1）農村の伝統社会に住む就学経験のない六、七歳児、八、九歳児、十一、十三歳児と大人、（2）同じ村に住む学童、（3）首都ダカールに住む学童の三群です。

課題は、色・形・機能の次元でペアがつくれる図3－1に示すような三枚一組の絵カードから「一番似ているものはどれか」を選択してもらい、「なぜ似ていると思うか」、選択の理由づけを求めるというものです。この絵カードは、色、形、機能という次元によってペアをつくることができます。バナナ、黄色い時計、オレンジの絵カードでは、バナナと時計は色が同じ、バナナとオレンジはどちらも食べられるというようにです。

その結果、就学経験のある子どもの

分類のしかたは、居住地域にかかわりなく、アメリカの子どもと似た結果でした。この絵カードの分類のしかたを見ると、学校に行って読み書きを習った人は、森の小さな村に住んでいようが、都市に住んでいようが関係なく、アメリカの子どもたちと似た反応、つまり、加齢とともに、色を基準にした分類が減り、形を基準にした分類に移り、高学年では機能を基準にするようになりました。

就学経験のある子どもは、「別の似ているものを二つ」選択するよう言われると、次元の移行も容易でした。さらに理由づけは適切で、「形が同じだから」とか、「どちらも食べ物だから」というように、多くは上位概念で答えました。

ところが、就学経験がない被験者たちは、長ずるにしたがって、かえって色への選好性が増し、分類の理由づけも不適切でした。しかも、一度、ある次元で分類してしまうと、別の分類基準に移行することが困難でした。

就学児と未就学の被験者たちのこのようなパフォーマンスの違いは、学校で提供される経験の有無によるものと解釈されました。つまり就学経験は、抽象度の高い基準での分類操作を発達させ、また、課題の解決にただ一つの正しい解決法があるわけではないという「相対的なものの見方」を育成するのです。

なぜ、このようなものの見方が形成されるのでしょうか。グリーンフィールドは、就学経験というものが、主に書きことばに依存しているためだと推測しています。書きことばは話しことばと異なり、時間空間的に、言及されるものや文脈から独立していることから、抽象的思考に関係していると考えられます[4]。就学によって書きことばを習得することにより、抽象的思考能力が培われるのであろうと推測したのです。

一九六〇〜七〇年代にかけては、右のような読み書きの獲得と抽象的思考の発達を連動させる考え方を支持する証拠が、次々と発表されました。

2 「話す」から「書く」へ――シンボル体系が変わるということ

◆社会経済的変化はリテラシーの価値を高めた

近代西欧文明を見ると、紀元一一〜一二世紀に都市の数が増し、発展した商工業に生活の基礎を置くようになると、労働の分業化が進み、社会経済構造の流動化や動態化が起こり、複雑化していきました。そうなると口頭による伝達では間に合わず、記述された記録が口頭による伝達にとって替わられるようになりました。読み書きのできる人間の需要が増していったのです[5]。それまでは、教会の僧侶がリテラシー、すなわち文字の読み書きを自由に操り、神のことばを伝えていましたが、教会に教わりに行って字が書けるようになった人に手紙の代筆が依頼されるようになりました。そしてなにがしかの謝礼を受け取ります。こうして、しだいにリテラシーにプラスの価値づけがなされ、日曜学校でリテラシーを習うことも増えていきました。こうしてリテラシーは庶民のものになっていったのです。

話しことばから書きことばへのシンボル体系の変化は、人間の精神過程に大きな影響を与えたと考えられます。旧ソビエトの心理学者ヴィゴツキー[6]は、「テクノロジーや道具の変化が労働の構造に変化をもたらすように、話しことばや書きことばといったシンボル体系の変化は精神活動の再構造化をもたらす」と指摘しています。人間の認識活動のあらゆる形式は、歴史的発展の過程でつくりあげられたものです。したがって、シンボル体系に変化をもたらすような社会文化的変化は、記憶や思考のより高次の、そして、より複雑な心理的体制化を担うことになると考えたのです。

◆リテラシーをもたないと三段論法推論ができない？

一九三〇年にロシア革命が起こり、社会経済的変化が起こることによってリテラシーの需要が高まりましたが、ロシア革命の影響はロシアの辺境の地、ウズベクとキルギスまでは及ばず、何百年も停滞した経済条件のもとで、人々は読み書きのできないままに置かれていました。

こうして、都市部の急激なシンボル体系の変化と、以前のままの辺境という状況が生まれました。ロシアの中心部の読み書きができる人と、この辺境の地に暮らす人々を比較したら、ヴィゴツキーの仮説を検証することができるでしょう。

ヴィゴツキーの友人であり弟子でもあったルリア[7]は、この機をとらえて、読み書き能力が抽象的思考の発達に寄与するかどうかを検討するため、実験を行いました。ルリアは、リテラシーの習熟度に応じて、被験者たちを次の三つのグループを構成しました。（1）伝統的な閉ざされた経済機構の中で、旧来の農業に従事する文字を知らない人々（伝統群）、（2）機械化の進んだ集団農場で働くようになって、短期間の文字教育を受けた人々（中間群）、（3）短期の教師養成プログラムに参加した人々（高教育群）です。

彼らに、先に述べたグリーンフィールドが行った課題、つまり、再認、語連想、概念分類、推理問題などの課題を解かせたところ、伝統群は事物の具体的・知覚的特性に基づいて反応する傾向があり、すべての課題で、事物間の概念的・論理的関係に基づいた反応をする高教育群や中間群に劣っているという結果が判明しました。伝統群の人々は、三段論法による推論を求める課題に次のように反応しています。表3－1には、パルマン村の農民のスルタムと面接を行った実験者との会話の発話資料（プロトコル）を示しています。実際の生活経験から離れて前提から結論をくだすことが難しいということがおわかりいただけるでしょう。あまりしつこく食い下がる実験者に嫌気がさしたスルタムさんは、とうとう、「どうしてそれがわかる！」と怒ってしまいます。続けて、「種がまけるんだったら、おそらくそこの人は綿を栽培しているだろうよ」と反論しています。これには実験者も脱帽ですね。

ルリアの実験の結果は、短期であってもリテラシーの教育を受けた人々は全員が経験とは関係のない三段論法推論をすることができましたが、リテラシーをもたない僻村の農民たちは、経験と結びついた回答をした人が六〇パーセントで、経験と関係ない三段論法の推論をした人は一五パーセントにすぎませんでした。伝統群の被験者は直接的な体験と結びつけた推論はできても、前提の命題から論理的に結論を引き出すことが難しいことを示しています。

ルリアは、彼らが三段論法の推論ができない理由として、（1）前提が個人的な体験と結びつかないと信用しない、（2）三段論法の前提は被験者にとって普遍的性質のものとは考えられない、（3）被験者は提示された三段論法の命題を無関係でバラバラなものとして分離してしまい、個別の質問として答えてし

表3－1　三段論法推論課題のプロトコル例

（ルリア，1974／1976[7]を参考に作成）

実験者：綿は暑くて乾燥した所にだけ育ちます。イギリスは寒くて湿気が多い所です。そこでは綿は育つでしょうか？

スルタム：いや、今じゃ、気候が悪くなって、綿も悪くなってしまったよ。

実験者：もし、いつも雨が降ったら、綿は育つでしょうか？　それとも育たないでしょうか？

スルタム：いや、綿は雨を好まない。雨のせいで我々のところじゃ収穫がなかったんだ。

実験者：イギリスはいつも寒くて雨が降っています。そこでは綿が育つでしょうか？

スルタム：わからないな。イギリスというのは聞いたことはあるが、そこに綿が育つかどうかは自分は知らないよ。

（スルタムは個人的な経験を離れて結論を出すことを放棄してしまった。しかし実験者はさらにくいさがります。）

実験者：そこは寒くて雨が多いんですよ。そこには綿が育つんでしょうか？

スルタム：もし、そこが寒くて雨が多いなら、播種畑用の綿だけが育つ。でも、どっちにしても収穫はないだろうね。

（スルタムさんは前提の枠内での判断がくだせず、完全に実践的な結論を導いていることがうかがわれます。）

実験者：そこの人は綿を栽培しているでしょうか？

スルタム：どうしてそれがわかる！　種がまけるんだったら、おそらく、そこの人は綿を栽培しているだろうよ。

個人的結論に結びついた推論をした人の割合：僻村の農民＝60％
短期文字教育群＝0％

経験と関係なく三段論法推論をした人の割合：僻村の農民＝15％
短期文字教育群＝100％

まうため、課題に正解できないのではないか、と考察しています。

◆書きことばの認知的所産は限られているのではないか

アメリカの認知科学者コールはモスクワ大学に留学し、ルリアのもとで学位を取得しました。しかし恩師のルリアの研究に疑問をもち、文化人類学者のスクリブナーとともに、リテラシー習得が認知発達にもたらす効果は、抽象的思考全般に及ぶとは限らないことを示す一連の研究を発表しました[8][9][10]。コールたちは、ルリアの研究には誤りがあると批判しました。ルリアが対象にした高教育群や中間群は、リテラシーを習得しただけではなく、同時に、近代農法で使われる農作機械の操作や経営プランの立案など、新奇な活動にさらされるようになりました。三段論法推論課題が解けたのは、リテラシー習得によるのか、近代農法の技能の習得によるのかが区別できないと批判したのです。他の多くの先行研究も、リテラシーの習得と、就学経験の両方が重なっているため、効果があるのはリテラシーの習得によるのか、それとも就学によって変化する他の活動や経験の変化にさらされたことによるのか、区別がつかないのではないかと指摘しました。もっともな指摘です。

コールたちは、リテラシー習得の心理的意義を明らかにするには、リテラシー習得の有無のみを取り上げるべきであると考えました。そこで、コールたちは、他の経験や活動とは独立にリテラシーの要因だけを扱えるリベリアの伝統社会、ヴァイ族を対象にして、リテラシー習得が認知発達に及ぼす影響を検討することにしました。

ヴァイ族は土着の書記言語をもっており、文字使用が生活に密着しています。元帳や技術計画の記録、商取り引きの手紙、葬式の香典の記録などが、生活の中で使われています。彼らはリテラシーを学校に行って学ぶのではなく、生活の中で読み書きをする人々を目にしているうちに、見よう見まねで習得していくのです。このように、ヴァイ族の場合はリテラシー習得の要因と就学経験とを独立に扱えるので、リテラシー習得の効果の検証には好都合でした。

◆リテラシーのもたらす認知的所産は何か

コールたちはまず、従来の研究方法に従ってヴァイ語の読み書きのできる人とできない人の群を分け、彼らにさまざまな問題解決を行わせて成績を比較しました。その結果、書きことばの経験がものをいうと考えられていた分類や推論課題においてすら、両群の成績に差は認められませんでした。文法ルールの説明や三段論法推論など、言語を分析するメタ言語能力が関わるような課題においてすら、リテラシーの習得の効果は認められなかったのです。

では、ヴァイ語の読み書きの経験は、何の認知的所産ももたらさないのでしょうか。コールたちは、研究方法を、対象者を二つの群に分けて比較する心理学実験の手法から、エスノメソドロジー（民族誌的方法論）に変更することにしました。エスノメソドロジーとは、研究者が人々の生活の場に入り込んで、彼らの社会的行為から実践的知識の内容を探る方法で、文化人類学などでよく使われています。コールたちは、ヴァイ族の人々と生活を共にしながら、ヴァイ語が使われる生活の場面を注意深く観察しました。

ヴァイ語は商取り引きの手紙に使われています。その手紙は「文脈化」[11]と呼ばれる書き出しから始まることが多く、この書き出しは、読み手に手紙の内容についての構えをつくらせるのに効果的です。ヴァイ語の熟達者にインタビューしたところ、彼らは、うまい手紙を書くには、この文脈化メッセージが必要であることを認識していました。

だとすると、ヴァイ語の読み書きに精通している人は、口頭での説明場面でも手際よい説明ができるのではないでしょうか。この予想を確かめるために、実験者から未知のゲームの説明を受けた後、そのゲームを知らない人に実物なしで説明する課題を与えました。予想どおり、ヴァイ語の熟達者は対面状況でも、手紙と同様に「文脈化」のメッセージに該当するような前置きを言ってから内容やルールの説明に入るため、相手に情報をより多く、適切に伝えることができたのです。

また、ヴァイ語を読むときには、特殊な技能が必要となります。ヴァイ語は音節文字であり、分かち書きをしませんし、句読点もないため、読み手は語や句などの意味単位がわかるまで、何度も音節のつながりの区切りかたを変え、全体の意味が通じるまで、バラバラの音節を保持していなくてはなりません。このような経験は、意味単位を統合したり、音節を保持する技能の習得を促進するものと予想されます。この予想を確かめるため、物語をテープで聞かせて再話してもらうという課題を与えることにしました。単語単位で区切った場合と、音節単位で区切った場合の言語音をテープで聞かせ、意味理解や記憶を調べたのです。その結果、単語単位で区切った物語を聞かせた場合は、熟達者と初心者の差はありませんでしたが、バラバラに音節単位で区切って音読したテープの場合には、両者の差は顕著で、明らかに熟達者の成績が良かったのです。

以上のことから、コールたちは、読み書き能力が転移する認知領域は限られており、リテラシーに含まれる技能と同じ、あるいは、類似した技能が使われる領域にのみ転移するものであるとの結論を得たのでした。このことは、リテラシーを習得したからといって、直ちに、抽象的思考能力の向上や、知的技能全般の変化をもたらすわけではないことを示唆しています。

文字の社会史について優れた著書を著した社会学者のチポラ[12]は、「技術と価値とは無関係ではない。ある社会は、そこで有力な諸価値の故に、ある種の技術を発展させることができるし、あるいは発展し損なうこともある」と指摘していますが、このように、問題は読み書きがどう使われるかにあるのです。結論を急がず、さらにリテラシーと認識の関係を探ってみましょう。

◆リテラシーの使われかたが問題

コールたちの研究は、ルリアの師、ヴィゴツキーの見解を背景にして行われました。先に述べたように、ヴィゴツキーは、技術や道具の変化は労働や経済の構造に変化をもたらしますが、同様に、話しことばから書きことばへとシンボル体系が変化することによって、精神活動が再体制化され、質が高められるだろうと指摘しました。人間の認識活動は、社会や歴史の中でつくられてきたものです。したがって、シンボル体系に変化をもたらすような社会文化的変化、経済構造の変化は、より高次の記憶や思考を可能にし、より複雑な精神過程を引き起こすものとなると言うのです。

では、ヴィゴツキーの「シンボルの変化に伴い精神過程が再体制化される」という仮説は、間違いだったのでしょうか。コールたちは、ヴィゴツキーの仮説は誤りではないと断言しています。

彼らがあげている例ですが、陶芸家が新しいデザインを考え、壷を創作するときと、壷職人がきまりきった手順で壷を焼くときに、頭の中で起こる活動について思い浮かべるとよいでしょう。同じ壷をつくりあげるという活動であっても、両者の頭の中で起こっている活動の質はまるで違っているはずです。これと同様に、リテラシーの使われ方によって、またリテラシーがどんな目的で使われるかによって、従事する活動の質は異なり、その活動からもたらされる認知的所産は変わるものと考えられます。

詩作のために推敲したり、文学鑑賞のために文章分析を行ったり、あるいはより適切な、よりよい表現を求めて推敲（ことばを選ぶ）したり彫琢（文章を整え磨く）するときには、商取引のための決まりきった形式の手紙を書くときに比べ、はるかに複雑な情報処理が起こるはずであり、そこでは認識に何かをもたらす可能性があります。

リテラシーの適用の範囲が広がれば、その行使の結果もたらされる認知的所産も拡大すると考えられます。この推測を確かめるために、推敲過程で表現（ことば）と意図（考え）の調整過程がどのように進行するかを調べてみましょう。

3　書くことによる新しいものの発見

◆推敲により新しい考えが生まれる

表現と意図の調整はどのように起こるのでしょうか。内田[13]は、この問題を明らかにするために小学生に作文を書いてもらう過程を観察することにしました。

この実験への参加者は、担任を通して大学の作文の調査に協力してもよいと申し出た、作文の大好きな六年生一〇名のうち、ふだんから算数の文章題や図形問題を解くときなどに盛んに小さい声で解決方法を探すという習慣がある子どもたち二名でした。二人に短い説明文や物語の続きを口に出して考えてもらいながら文章を書く訓練を行いました。二人とも、作文を書きながら頭に浮かんだイメージを口に出すことができるようになった段階で、本実験に協力してもらいました。

作文は、「あなたがいちばん書きやすいやりかたでいいから、好きなテーマで書いてね」と言って書いてもらいました。学校での作文と違う点は、書きながら頭に浮かんだことは全部口に出して言ってもらうという「発話思考法」[14]を用いた点です。そのことばを手がかりにして、作文を書くときにいったい頭の中でどんなことが起こっているのかを知りたかったのです。

作文を書くことに没頭すると、どうしても、頭の中の思いを口に出すことができなくなります。そこで、実験者がわきに座って、「ウン」「ウン」と、子どもの邪魔にならぬ程度の小さな声でうなずきを入れています。聞き手がいないと、独り言をブツブツつぶやくのは抵抗があるからです。最初の頃はどうしても黙ってしまい、「それで？」と促しを入れることもありました。しかししだいに慣れてきて、四ヵ月後では、二人とも、筆者がうなずきはしても促す必要はないほどに、発話思考法に慣れました。

子どもには、作文を書きながら頭に浮かんだことをすべて声に出して話してもらいながら、四ヵ月にわたって三回推敲してもらう過程をつぶさに観察しました。文章を生み出す過程では、活発に自己内対話が起こっていることがわかりました。

アリストテレスの雄弁術は、真の認識に至る対話の技術のことです。対話する過程で対立点をはっきりさせ、互いが一致点に至ることによりより深い理解に到達するための、弁証法的な発見法です。

話すことが、イメージを明確にし、それにつれて、認識が深くなるように、書くことによって認識が深くなることは当然ありえます。書く過程では、心の中のもう一人の自分が調整役になり、自分の考えを批判的に吟味しながらよりよい表現へとつくりあげていきます。四ヵ月後には、次のような作文を完成させました。

自分を書き表すことによって

六年一組　T・Y

私はこの頃よく考えます。自分についてもっと知りたい、それもことばという形によって表したいと思うのです。そのために、今私が「私自身」について知っていることから考えはじめたいと思います。

私はどういうことが好きなのでしょうか。

「本を読む」。読む時間と読む本があれば、何をさしおいても本を読みはじめる私です。けれどじっくりと読むわけではありません。軽い読書が私は好きなのです。

本を読むのが好きなのには、きちんとしたわけがあります。本を読んでいると、頭の中の空気が新しくなっていくような気持ちになるのです。登場人物の姿を思い浮かべ、次から次へとページをめくります。だから西遊記のように、空想していて楽しいもの、すっきりしたものが、私のお気に入りの本となるのです。

「放送委員であること」。私は放送委員であることに、非常に満足しています。小さい頃から目立ちたがりやの私にぴったりの仕事です。五年生のときから続けていますが、自分の声をみんなが聞いている、と思うのは、気持ちのよいものです。今では、あこがれの委員長となっています。とにかく、委員長の仕事も含めて、先生方に信頼され、学校の仕事をする。そういうことが私は好きなのです。

このようにして考えてくると、何か私というものの、具体的な像が浮かんできたような気がしてきました。始終いろいろなことを考えている私。目立ちたがりやの私。責任ある仕事をまかされたいと思っている私……。

ここで私は、はたと考えこみました。私という人間は、こんなにも単純な構造の人間なのだろうか、という疑問をもったからです。それは、書き出した数が少なかったせいかもしれません。私の表現力が足りなかったせいかもしれません。けれど、それだけではないような気がするのです。人間というのはなみのことばでは表せないものなのではないでしょうか。なぜならそれは、人間がつくりだしたことばだからです。心の中でだけ通用することばでこそ表せる、私はそんなふうに思いました。

結局、私がはじめに考えていたようにはできませんでした。しかし、それでもよいではありませんか。自分を書き表そうと考えたことによって、「心の中のことば」に気づくことができたのですから。

この子どもはまず、組み立てメモを作りはじめました。この段階では、〝自分というものを知りたい、ことばで表現したい〟という目標を立て、この目標のために「好きなこと→したいこと」を書き出していく中で、「自分のこと」がはっきりし、「きっと私はこういうものだろう」と締めくくれるのではないかと考えていました。

メモを作って原稿用紙に文章を書きはじめました。ところが書いているうちに、「単純な構造」の自分しか見えてこないことに気づきます。実際の自分とはどうも違うと感じはじめたのです。どうしてそう感じるのかと考えはじめ、「書き出した数」が足りないのか、「表現力」が不足しているのか考えていくうちに、〝人間というのはことばでは表せないものなのかもしれない〟と思いはじめます。そしていわゆる「ことば」の他に、「心の中でだけ通用するようなことば」があるのかもしれないことに気づいたのです。

このように、構想を立てる段階では存在しなかったことが書く過程でぼんやり見えてきて、具体的な表現を探す過程で、しだいにそれがはっきりしてきます。ことばに表そうとしたことによって、明確になっていくのです。

推敲の過程で得られた発話資料（「発話プロトコル」例1、例2）を表3－2と表3－4に示します。

発話プロトコルを詳細に分析したところ、表現を探し確定する過程では、たえず表現と意図の往復運動が観察されました。自分が書いた表現の意味を理解し、どういう意図でその表現を使ったのか、自分の意図に照らし合わせようとします。この過程で、自分が書こうとしていた意図がはっきりして浮かび上がってきます。意図に合わせてことばを選ぶのでなく、ことばを先に探し当て、後からことばの意味が自覚化されるようになるのです。

表3－2の発話プロトコル例1のように、意図が自覚化されるのは、対案としてのことばを探し出す過程に伴っている場合がほとんどでした。初めは何を書きたいのか意図がはっきりしていなくても、表現を口で繰り返しているうちに意図がはっきりしたり、文字に書いたことによってあいまいだった表象（イメージ）が明確化され、またそれを変形したり、修正したりしながら、しだいに形をなしてくるのです。

言語の表現が意図と「ズレている」という感覚がきっかけになって、表現と意図を調整しようとします。ことば探しが始まります。ズレの感覚または「ズレている」と意識化すると、対案の探索が起こり、対案が出されたら、その対案を評価するという段階を再帰的に繰り返しながら表現が定まっていくのです。表現が定まるまでの表現と意図の過程を、表3－3にまとめてみました。

ことばを探す中で、〝あっ、そうか〟〝そうなんだ〟と納得する発話がしばしば観察されました（「アッハー」体験と言います）。自分の中に生じているイメージを表現するためにことばを探そうと苦しんだあげく、ぴったりしたことばを探し当てることによって、イメージそのものがはっきりするということが起こっているらしいのです。これはまさに、ヴィゴツキーの次のようなことばに対応するものです。

表３－２　考えを口にしながら作文を書くと……（内田，1989[13]）

発話プロトコル例１

	(注) 意識経験
しかし、それでもよいではありませんか。このことについて考えたことによって“心の中のことば”[*1]／①	＊１　ここまで清書したところで書いてあることを読み返して確認する。
「……ことばに気づくことができたのですから」でもいいし、／②	
「心の中のことばの存在[*2]」なんつったら気持悪いなあ。／③	＊２　笑いながら対案を出す。
そんな、まるっきり気がつかなかったわけではないんだけれど[*3]、／④	＊３　自分自身が気づいていたかどうか事実の方を吟味する。
その、「心の中のことば」ってのは結局、口で言ってるっていうか、普通のことばっていうのにあらわす前の段階の、そのモヤモヤした、こう気持っていうんで、／⑤ そこで、そのことばっていうのは結局、きまりがあって、そのきまりの外にあるっていう……Ｐ／⑥	原稿に書いてある「心の中のことば」という表現の意味を解釈している。 Ｐポーズ
だから存在に気づかなかったわけではないな……Ｐ[*4]／⑦	＊４　対案を否定する理由がはっきりする。
心の中のことば、やっぱり、このまんまでいい[*5]。／⑧	＊５　原案を納得して受け入れる。
に気づくことができたのですから[*6]。／⑨	＊６　＊１に続けて清書する。

「意味単位」への分割と各単位のカテゴリー名：①「読み返し」②「対案１賦活」③「対案２賦活」＋「不一致感」④「吟味」⑤「意味解釈１」⑥「意味解釈２」⑦対案１・２を否定する「理由づけ」⑧「原案の受け入れ」⑨①に続く文の残りを清書するための「書字」

表3－3　推敲における表現と意図の調整過程[14]

［1］「あれ、変だぞ？」とズレを感じる。

［2］ズレの原因が何かを意識化しようとする。
　1．その結果、ズレの原因が意識化されることによって、何故、変と感じたかを正確に把握できる場合（極めて少ない）と
　2．実際の対案ができるまでズレの原因が意識化できない場合（多い）とがある。
［3］ズレの原因を意識化しようとして、情報源をあれこれ探索する過程で対案が導出される。（ズレの原因の意識化はよりピッタリした対案を探す過程と重なっているようにみえる。）

［4］対案の評価をする。
　1．論理的・分析的に一定の基準と手順（推敲方略）にもとづいて原案・対案を比較・評価する場合と
　2．分析なしに「ピッタリくる」という内観により、特定の案を決定する場合とがある。
［5］採択した特定の案を清書する。

＊　以上の段階のうち、［4］で対案が否定された時には［3］と［4］の段階が再帰的にくりかえされ、時には、喚起ないしは構成された対案のすべてを［4］で比較し評価する場合や、一度否定された対象案が再び喚起され再評価されることもある。この評価の過程はきわめて自由度が大きいことが示唆された。
＊　観察頻度からみると［2］では1＜2、［4］では1≒2である。

ことばをつくりだすということは、考えていることを単純に反映するものではない。それゆえ、ことばは既成服のように思考に着られることはできない。つまりことばは既成の思考の表現に奉仕するものではないのだ。思考はことばに転化するとき、けずり直されたり変形させられたりする。思考はまさに、ことばによって行われ、実現されるのである。

（ヴィゴツキー[15]下巻、169頁。訳を原文に基づき一部変更しました。）

文章を書くという営みは、自分の言いたいことを表すために、既成の表現を探し、あてはめるのではなく、まさに表現をつくりだすことを通して、中味のイメージの形を探し当てる作業なのです。もし、ことばが探し出せないときには、「私は、私が言おうとしていたことばを忘れてしまった。すると、具体化されなかった考えは、陰の世界に帰っていってしまう」(ヴィゴツキー[16]下巻、153頁)のです。

「書くことによって認識が深くなる」ということは、このように、書く以前には見えなかったことがことばの力を借りてはっきりとし、自覚化する過程に伴う主観的な体験を指しているのかもしれません。自分のもやもやした思いやイメージは、ことばを探す過程で霧が晴れるように、形が見えてきます。自分の思いが何かがわかるのです。

まさに、推敲はことばを探し出すことですが、それは「アッハー体験」を経て、ピッタリとした「ことば」を探し出し、考えを探し当てる過程なのです。推敲過程では、ことばによってつながりの悪いところに筋道をつけようとするうちに、無関係だったことが関係づけられ、因果的なつながりが明確にされていきます。そうして、表現する前には気づかなかったことに気づいたとき、考えが深まったという実感が得られるのでしょう。

◆知は社会的に構成される

表3-4の発話プロトコル例2は、「わけ」という表現を「理由」と漢字を用いてそれにルビをふるか、平仮名のままにするかで迷っているときのものです。右欄の「視覚的効果」は、〝バランスとしては漢字

表3－4　「わけ」にするか「理由」にするか（内田，1989[13]）

発話プロトコル例2

	（注）意識経験
本を読むのが好きなのにはきちんとした*1	＊1　清書する。
さて「理由」にするか「わけ」にするか*2	＊2　原稿では「わけ」となっている。
まず、バランスとしては漢字を入れた方がきれいだけど*3、	＊3　「視覚的効果のルール」
本来の意味としてはどっちだろうな	
理由、わけ、理由、わけ　か──*4	＊4　口でなんどもくりかえしている
理由ってすると　こうだからこうするって感じだけど*5	＊5　「漢字使用のルール」
これはそれほど確かなものじゃないし*6	＊6　表現意図の分析
こうだから、自分の……その──、 だから、要するに、面白いからってことがぬけちゃうから これは面白いからってことは普通の「理由」、普通、普通はそうだけれども、	「漢字使用のルール」によって対案を評価する
そこだけじゃないってことを言いたいから*7	＊7　表現意図の再確認
「理由」ってすると、なんというのかな、 本をただ読めばいいってことになるけど、わけがあるっていうふうにすれば、こうなんていうのかな、もうちょっとしぼられない、しぼられないじゃないかな じゃ「わけ」にしちゃおう	「漢字使用のルール」によって対案を否定し、原案をとる
わけがあります*8。	＊8　＊1に続けて清書する。

を入れたほうがきれい〟という発話部分から推測した方略です。このプロトコルの生じたときの内観を問うと、「目で見て美しい読みやすい文字や文の配列を作るようにしたほうがよいから、平仮名の中に漢字を適当にちりばめると読みやすい。でも、逆にたくさん使いすぎるとかたくなるの」と答えました。

このように、対案を評価するときには、何らかの評価基準が使われています。プロトコルから評価基準として繰り返し使われていることが確認され、内観を問われるとことばで説明できる（自覚化できる）ものを、「推敲方略」と名づけました。ここで取り出した「推敲方略」は、あくまでも子どもが意識化できるものに限られています。内観をとると意識化できるということは、他の場面でも利用できるということを意味しています。

このようにして同定された方略は、全部で一四種類（表3-5）でした。「視覚的効果」や「聴覚的効果」、「行間効果」などの高次の方略は、文章の熟達者である作家の三島由紀夫や谷崎潤一郎の『文章読本』においても意識的に使われているので、表に対比させて記入してあります。三年生・五年生・大学生を対象に、作文を修正してもらう過程でどのような方略を使っているかを見ると、低学年では「漢字使用」「句読点(1)」など低次なものに、高学年では「視覚的効果」「聴覚的効果」「文脈調和」「重複回避」など高次な方略に焦点をあてていて、作文経験が増えるにつれて、表現を審美的視点で整えるためのより高次な方略が使えるようになっていく様子がうかがわれます。

もちろん、「わけわけ、わけ、わけか。わけってするとこうならばこうするって感じだけど、わけってすればもうちょっとしぼられない。しぼられないいんじゃないかな。じゃあ、わけにしよう」などと、聞いているだけではさっぱり意味のわからない発話も多くありました。その場合は、一週間後にVTRをプレ

表3－5　推敲方略[14]

T.Y.（6年生）の推敲方略		3年・5年		谷崎・三島	
方略の名称	方略の内容 {発話プロトコルより意識経験を抽出、内観プロトコルを要約。}	{集団実験より抽出}		{文章読本より抽出}	
文脈調和	文脈全体の中に文やことばがおちついていないといけない。		○		○
調和逸脱*	調和をやぶり特異な表現をわざともってくることでおかしさ、緊張、注意をひく。				○
接　　続	文と文のつながりはスムーズでないといけない。		○		◎
行間効果(1)*	ことばの限定は強すぎない方がよい。意味のふくらむことばを使う〔→含蓄〕			◎	○
行間効果(2)*	接続詞をわざと省くことで余韻を与えふくらみをもたせる。接続詞はあまり使わない。		○	◎	◎
視覚的効果*	目で見て美しい、読みやすい文字や文の配列をつくる。漢字、1字下がり、句読点やカギ。		○	◎	◎
聴覚的効果*	語呂がよく、読みやすく、調子がよく、耳で聞いていい感じのことばや文を書く。			◎	◎
漢字使用*	漢字には意味をまとまらせ、限定し、ことばをうかびあがらせるはたらきがある。	△	△	○	○
重複回避	同じ文末表現、同じ意味（例：もしかしたら……かも、アメリカ人の人など）同じ音の重複はしない。				◎
重複使用	強調の時や昔話などでは同じ表現（ことばや音）をくりかえしてよい。				
句読点(1)**	意味の重要度によって、。」を使い分ける。				
句読点(2)	読点をあまりうちすぎない（息つぎに必要なところにうつ）〔→聴覚・視覚〕。	○	○		
保　　留	ピッタリした表現がみつからなければ修正を保留する。				
削　　除	ピッタリした表現がみつからなくて、あまり気にいらないときには削除する。				

＊　より高次の方略。
＊＊　T.Y. が独自に生成した方略。

△熟達者のものよりプリミティブなレベルの方略。
○意識的に使っている方略。
◎特に強調している方略。

イバックしながら、「この場面でT・Yさんはこう言っているけれど、何のことかしら?」「ここでは、ほら、黙って考えているみたいでしょ? 何を考えていたのかしら?」と、内観についてインタビューして、頭で何を考えていたかを推測しました。二人とも、何らかの規準やものさしのようなものをもっていることがうかがわれました。いつも同じようなところでこだわり、規準やものさしに比べて表現を確定していくのです。いつでも質問されれば、「漢字はこうならばこうだというように、意味が限定されるでしょ」とか、「そしてそしてをあまり使うと、一年生の作文みたいでしょ? だから同じ接続詞は使いすぎないほうがいいよね」というように、いつでも同じような答え方をします。質問されれば自覚化できるのですから、一種の方略と呼べるものでしょう。そう考えて、推敲方略と名づけたのです。T・Yさんは一四種類、もう一人の男児は八種類の方略が特定できました。

二人とも、かなり多くの方略をもっていることがうかがわれました。しかし、六年生なら誰でも推敲方略を自覚的にもっていると言うことはできません。子どもは表現を修正する規準を最初から自覚していたのではなく、内観インタビューでの筆者との会話や発話思考法という疑似会話の状況の中で、質問への回答を探すうちに、自覚していったのです。自分はこのときどんなことを考えていたかを内省し、自覚化できたものだけが回答になって顕れたのです。発話思考法と内観インタビューの状況で、大人と子どもの対話的相互交流を通して、知がしだいに形をなし、構成されたと言えるのです。大人の適切な介入や援助があれば、文章の達人の使う推敲方略に匹敵するような方略が使えるようになるのです[17]。

このように推敲は自分のアイディアや意識を明確にするために、組み立てメモを作る段階からすでに始まっています。時間をかけて考えを練っていく過程でピッタリしたことばを探し、ものごとの筋道をはっきりさせていく営みなのです。書くことで自分と向き合い、ことばの力を借りて省察し、自分にもわけがわからなかった悩みの正体がわかっていくのです。

推敲は書き上げた文章を単に「修正する」ということに留まりません。推敲とはことばを探すことを指していますが、ことばを探すことは、意識をことばでとらえる瞬間に他ならないのです。組み立てメモは「思考の尖端」であり、それを作る過程で、世界に対する意識の〈一瞬のひらめき〉をことばによってとらえることができるのです。文章を書いて発見が起こるとしたら、まさにこの瞬間なのです。この瞬間に、すべてが形をなしてみえ、整合性がもたらされるのです。その行き着くところは、書き手に達成感や満足感をもたらすのです。

T・Yさんの作文は、まさに書くという活動を通して新しいものが発見される過程を見事に表していま す。この発見は、彼女に達成感や満足感を味わわせるものでした。作文を書き上げ読み終わったとき、彼女が頬を上気させて言ったことばが、今も耳に鮮やかです。

ああ、もうこれ以上は考えられない。もうこれ以上は欠点が見つけられそうもない。こんなにことばについていろいろ考えたことは生まれて初めて。作文書いて、本当に〝書いた!〟って感じがしてる。とっても満足してる。

自分の思想を探してよりよい表現を求めるということを通して、新しいことに気づき、自分の書きたかったことが何であったかを探し当てたという思いが、彼女に達成感や満足感を与えたのでしょう。

推敲経過は、文章理解や絵画制作と同様に、解が一つとは限らない「構造のゆるやかな問題解決」の一種であると見なせるでしょう。最初から、答えが決まっていないからこそ、書き手の思いが反映できるのです。自分史を書いたり、ネットに思いを綴るツイッター[18]が流行るわけは、書くことにより、自分の思いを知り、自分自身を知ることができるところにあるのではないかと思います。文章を書く過程ではいやおうなしに、推敲（ことばを探す）や彫琢（文章を整えみがく）が起こります。「文章を綴る」という営みは、一人ひとりが、個別・独自の答えを求めて、自分が主人公となる物語を綴ることができる装置なのです。

文章を書くということが新しい発見をもたらします。そして、生きる意味さえ見いだすことにつながります。この発見が、人を癒やし、人に生きる力を与えることすらあるのではないでしょうか。危機を克服し、難題解決の鍵を求めて、自分史を著すことに人が熱中するのは、人生の節目に直面する危機を克服する鍵が、ここに潜んでいることを直感しているからです。このことが、人をして文章を書くという営みに駆り立てるのではないでしょうか。

次章では、苦しい過去の記憶を乗り越えるために、自分の過去の体験をことばによって見つめ直し、書くことによって自分の思いを省察の対象とした勇気ある人々を紹介しましょう。語ること、そして書くことが、虐待からの再生の鍵を握っています。ことばの力が、負の連鎖を断ち切る鍵になることを物語っているのです。

第4章　物語――負の連鎖を断ち切る装置

考えや思いを文章に書くということが、新しい発見をもたらします。その発見は、生きる意味を見いだすことにつながることがあります。これこそが人をして、文章を書くという営みに駆り立て、動機づけるものなのかもしれません。この章では、自分史を綴ることにより、生きる意味と生きる希望を見いだした人々を紹介しましょう。

1　自分史の意味

◆「自分というものについて」

私は、毎年新入生の夏休みの課題として、「自分というものについて」というテーマで原稿用紙十枚以上の作文を書くことを課しています。人間科学にロマンを求め、心理学を専攻しようとして受験勉強に打ち込んできた学生たちに、一度は自分自身についてじっくり内省してほしいと思うからです。

彼女たちの書いたものを読むと、生活歴のすべてが順調だったわけではなく、両親、きょうだいや友人との葛藤に悩み、心身症を患った人、社会的に逸脱する寸前まで自分を追いつめてしまった人など、さまざまな経験を経ていることがわかります。

ほとんどの人は、自分の幼少期の記憶を忠実にたどることから書きはじめます。そして、文章を書くことによって、自分自身は何者かを探ろうとしていることがうかがわれます。文章を書き進める過程で、記憶にもなかったようなことが思い出されたり、なぜ苦しんでいたかがわかったりするうちに、しだいに自分というものの捉え直しが起こるようです。埋もれた記憶を掘り起こし、今の自分の目の前にさらけ出し、解釈を加えていきます。過去を振り返り、意識化することを繰り返すうちに、しだいに自分というものの輪郭をつかみはじめるのです。

自伝的記憶を再構成する過程で、自分について探りあてることができる場合もあります。想起できる幼少期から現在に至るまでを内省することを通じて、忘れていた記憶が活性化され、新たに賦活した記憶の糸をたぐりよせた結果、自分の悩みや葛藤を自分なりに解釈し、その理由が納得できる場合もあります。ともかく、自分というものの輪郭を受け入れるというところまでに到達するのです。しばしば、自分について考える機会が与えられたことへの感謝の気持ちも記されています。今は社会で活躍しているWさんも、そんな一人です。

◆父母に愛されたことのないWさん

Wさんは、原稿用紙で六五枚という大作のレポートを提出しました。まずレポートの厚さに注意が引かれました。しかし、私の記憶に今も鮮やかなのは、作文の量ではなく、その内容でした。読みはじめて、文章の構成力と文字遣いの美しさに感動しました。達筆の美しい文字には、勢いがありました。消しゴムで消した跡もありませんでした。おそらく、思いのたけを一気呵成に綴ったものでしょう。今、本書を書くにあたって、ファイリングキャビネットから取り出した作文を再度読み返し、そのとき受けた衝撃とも言える感動が蘇りました。

Wさんには、四歳年上の姉がいます。姉は父母に愛されましたが、自分は愛された記憶がないと言います。姉は父母の期待を一身に背負い、父母の出身大学を優秀な成績で卒業し、父母のアドバイスどおり地元の高校教師になりました。

彼女はその姉のことを嫌い、父母も嫌いだと言います。幼い頃から彼女の唯一の味方であり、彼女を愛し、可愛がってくれたのは母方の祖母でした。

母が教師をしている進学校に入学した頃から、Wさんの父母への反抗が始まりました。麻薬以外は、すべての非行を行ったそうです。不良仲間とつきあい、悪さの限りをつくしました。そのせいで、停学処分を何度も食らうことになりました。しかし処分のたび、断固として教室に通い続けました。負けず嫌いの彼女は、家族が寝静まった夜中から明け方にかけて猛勉強をし、成績は常に学年でトップでした。姉も同じ高校で優秀ではありましたが、Wさんの成績は飛び抜けており、他の追随を許しませんでした。高校側は他の非行仲間といっしょにWさんを停学処分にはしても、そのたび、処分をはねのけて教室に入り続けるWさんに、「入るな」とは言えなかったと言います。

Wさんは、「今思えば、悪い仲間とつきあい、非行の限りをつくしたのは、自分を愛してはくれない父母への腹いせだった。優秀教師として地元で評判の高い父母の顔に、確実に泥を塗る方法は、彼らの娘が非行少女であり、新聞沙汰になることだと信じていた。」と言います。

その後、志望校は父母の出身大学を嫌い、東京の大学を二つ受け、第二志望の著者の在籍する女子大に進学したのでした。父母は、「やっぱり第一志望校に入れなかったじゃないか」と、苦々しい表情で非難したということです。ここのくだりには、Wさんの悲しさ、無念さ、何よりも、悔しい思いがにじみ出ていました。

夏休み明けに、筆者は、廊下ですれ違ったWさんを呼び止め、「レポートを読ませてもらったわ。素晴らしい文章力ね。こんなに素晴らしい文章が書けるなんて！　作文を読んで、これほど感動したのは初めて。Wさんは作家にもなれそうね。とても感銘を受けました。」と感想を述べました。Wさんは、感動を口にする筆者の目を探るような目つきで、一瞬しっかり見つめ、次に、あっけにとられたような表情をして、「そうですか」と小さい声でつぶやきました。教師からは非難のことばや「わかったような」コメントがあるのではないかと構えていたので、筆者の賞賛のことばに戸惑い、声が出なかったのだと言います。

Wさんにとって、高校時代には、父母も含めて教師は敵でしかありませんでした。その教師が、第二志望で入った大学の教師が、作文力・文章力の素晴らしさを絶賛し、才能を認めてくれたことに、まず、驚き、同時にとても嬉しかったと後で語ってくれました。

◆父母との和解

冬休み明けに、Wさんは父母と和解できたことを書いた作文を提出しました。夏休みに「自分というものについて」書いているときに、四歳の頃のある場面がフラッシュバックしたと言います。

……母親が忙しそうに書類に文字を書いている。不安になり、「お母さん、これ読んで」と母のそばに絵本をもって近づいた。そのとたんに「忙しいのよ。こっちにこないで！　こんな子生まれてこなきゃよかった！」という声が私の胸に突き刺さった。一瞬凍り付き、からだが金縛りにあったようにこわばるのを感じた。……

（Wさんのレポートからの引用）

突然、この場面が浮かび上がり母のことばが聞こえてきて、からだが金縛りになるような感覚が蘇ったのです。Wさんは、このときの記憶を母親に話しました。母親は、「え？　あなたが四歳のとき？」と、すぐにスケジュール手帳を取り出してきて、「ああ、この年は、私は進路指導担当で忙しかったときだった。内申書が間に合わず、家に持ち帰って徹夜して内申書を書いていたんだった。でもそのとき『こんな子生まれてこなきゃよかった』なんてことを言っちゃったの？　ああ、ごめんね。どうしてそんな心にもないことを言っちゃったのかしら。ごめんね、ごめんね、ごめんね」と泣きながら、何度も、何度も、W

さんに詫びました。涙に濡れ、しわも増えた母の懺悔の顔に、たまらなくなったWさんは母親に抱きついて、いっしょに泣いたということです。

自分の肩を抱きしめる母の手の温もりを感じながら、〝ああ、母も父も決して自分を嫌っていたのではなかったのだ〟と感得したのでした。

父母との和解を綴った作文は、夏休みに提出された、父母へ、そして自分自身への怒りに満ちた文章とは違っていました。冬休み明けの作文は吟味されたことばで綴られ、穏やかで、温かみがあふれていたのです。

一月下旬に、Wさんのご両親から、お手紙と「御礼」というのしが貼られた名産のみかんが研究室に送られてきました。お手紙には、「先生のおかげで、娘が、私たちの子どもとして帰ってきてくれました」というような書き出しで、Wさんとの和解が認《したた》められていました。

……高校時代に荒れに荒れていた娘。その娘を誘惑の多い大都会に出したら、娘は落ちるところまで落ちてしまうのではないか。地元の大学なら家から通えるのに、東京の大学に進学を決め、都会に逃げて行ってしまった娘。誘惑の多い大都会で、糸の切れた風船のように親たちの手の届かないところに行ってしまうのではないかと、不安が黒雲のように心を覆いました。娘のことが、心配で、心配でたまりませんでした。

しかし、先生が提出を求めた宿題の作文を書いているうちに、娘は、彼女が四歳のときに、私が不用意に投げつけてしまった心ないひとことを思い出してくれました。そのおかげで、彼女の心の氷が溶けるきっかけができました。娘には、本当に申し訳なく、かわいそうなことをしてしまいました。もし自分があのとき、あんなことを言わなければ、高校時代に自分を貶め、傷つけるようなことをさせないですんだのに。成績のよい娘が、なぜ荒れているのか、非行仲間とつきあっているのか、見当がつかず、ただただ、同僚の教師たちの前で身を縮めていた自分。娘のことがわからなかった自分は、親として、また多くの生徒の成長に寄り添う教師としても、恥ずかしい思いです。何よりも娘に対して、本当に申し訳なく、後悔とかわいそうなことをしたという思いでいっぱいになり、涙が止まりませんでした。

しかし、心からの謝罪のことばを娘は素直に受け止めてくれました。そうして、また自分たちの子どもになって戻ってきてくれました。もう娘が東京で暮らしても、心配することはありません。今は娘のことを信頼しています。もう安心して遠くから見守ってあげられます。私たちの可愛い娘が戻ってくれたのですから。……

（Wさんの母親の手紙より引用）

母親の思いが、六枚の便箋に美しい文字遣いで、びっしりと認められていました。私にも一人娘がいます。Wさんの母親の思いは、痛いほど伝わってきました。文末には、ご両親の署名がありました。父親は几帳面な筆遣いで、母親はWさんとそっくりの達筆な筆遣いで認められた署名からは、ご両親が親子関係の結び直しができたことに安堵し、いつも心を占めていた心配が払拭されたことで、穏やかに微笑まれている様子が浮かんできました。

人はことばの力を借りて自分自身が生きてきた時をなぞり、時間の連続性を求めて自分自身を整合性ある世界の中心に置こうとするものであるようです。物語を書くという営みは、自分とは何者かを探す営みでもあるのです。

2　書くこと・生きること

◆絶え間なく襲ってくる幻覚の果てに

私が、一橋大学社会学部の社会心理学研究室で助手をしていたとき、教養部の物理学の助手であった遠藤誉さんと知り合いました。食事をしていたとき、遠藤さんは、「私、気が狂ってしまうかもしれない。幻覚がひどくて、それもこの頃はとても頻繁に起こる。とても恐ろしい幻覚で牛車ごと人々や荷物が濁流に飲み込まれ、自分の立っている崖も崩れてしまい、その濁流に自分も飲み込まれそうになる」と告白しました。幻覚に襲われたときにはどうやって幻覚から現実に戻るのかと尋ねると、「頭いっぱいに広がった幻覚をぎゅーっと圧縮して球を作り、その球を思い切り遠くへ投げると現実が戻ってくる」と言います。しかし、幻覚から解放されるこの「儀式」が、この頃は全く効かなくなってきたと言うのです。いくら集中しても圧縮できないばかりか、次々恐ろしい、忌まわしい幻覚が襲い続けるのだそうです。目の前は真っ暗になり、呼吸が苦しく心臓が早鐘を打ち、やがて冷や汗が流れ、ついには、腰が抜けて座り込んでしまうと言うのです。

これは大変と感じた私は、フランクル[1]の実存分析[2]を思い出し、体験を文章に書いてみることを勧めました。「遠藤さん、幻覚を無理して圧縮しないで、何が見えるか見える順にメモを作ってみてはどうかしら」と提案したのです。遠藤さんは、〝幻覚から解放されるなら、やれることは何でもやってみよう〟と決意して、幻覚のイメージを隅々まで眺め、メモにしていきました。ことばがイメージをとらえた瞬間、次々と記憶が呼び覚まされていきます。執筆活動は壮絶をきわめました。

◆失われたときを求めて

遠藤さんは、一九四八年に長春で起こった出来事、日本への帰国を急ぐ日本人が『卡子《チャーズ》』(「関所」だが通り抜けることのできない出口のない収容所)に強制的に収容され、八万人もの、あるいはそれ以上の人々が餓死させられた不幸な体験を白日のもとにさらし、意識化するために、『卡子《チャーズ》』[3]を書きました。その後、大幅改定し、文庫本として出版しています[4]。

彼女は、書く作業を通して、長い間記憶の奥深くに沈めていた体験を意識化しました。文章に書き表す過程は、八歳のときの恐ろしい体験によって蝕まれてきた自分自身の心を癒やす道程につながっています。

彼女は十二歳まで満州にいました。長春で中国革命軍が日本人を大量に餓死させた事件のまっただ中にいて、奇跡的に生き延びた人です。まさに満州の「夜と霧」を体験し、幼かったが故に、人が飢えて人間の死骸を食べるような極限での忌まわしい体験の数々が意味づけられることなく、記憶の底から浮かび上がり、彼女を言うに言われぬ不安と恐怖におとしいれたのです。彼女の人生のそれまでは、長春での体験から目をそむけ、その地に結びつくものは徹底的に断ち切ることの連続でした。しかし、頻繁に襲ってくる記憶の再現に、これ以上隠蔽することはできないと、果敢にその体験と向き合うことを決意し、執筆を開始したのでした。

執筆は、筆舌につくしがたい壮絶なものであったと聞きます。いったんある体験の端を意識がとらえたその瞬間に、それが糸口となって、芋づる式に意識の底に沈めたはずの、意識の中に形をとどめていなかったはずの記憶が蘇り、眠れなくなってしまう毎日であったということです。夜の白むまで筆を運び、鮮明になった記憶と、からだの疲労からおぼろげになった現実との間をさまよいながら、翌日の執筆に備えて無理に意識を休ませようと仮眠をとる毎日だったそうです。こうして彼女はその高い知性と意志力で、この悪夢の正体を見極めようとしました。そしてついには、それとの戦いに打ち勝ったのです。そして執筆が終わったとたん、彼女は物理学を捨てました。

彼女が専門に理論物理学を選び、女性物理学者として多くの実績をあげてきたのは、実は、物の世界に入り込むことで人間の世界から逃れる、一種の逃避だったのです。「私はいつしか人間に関わることに疲れ、〝そもそも物質が存在するとはどういうことか〟〝物質とは何か〟に目を向けるようになっていったのです。あの症状（恐ろしい記憶のフラッシュバック）も私がよほどおかしいのか、さもなかったら、あれは誰にでもある当たり前の症状なのかと片付け、もうそのことに関して考えるのを止めようと心に決めたのでした。」と書いています。

執筆を終え、すべてを意識化した瞬間から、わけもわからず襲ってくる忌まわしい記憶の賦活という、彼女を恐怖させる症状から一切解き放たれました。フラッシュバックから解放された彼女にとって、もはや物理学という「安息の地」に逃げ込む必要がなくなったのです。

執筆を終えた彼女は、今度はその知力とエネルギーのすべてを人間に対して向けました。まずとりかかったのは、中国残留孤児の問題でした。孤児たちは自分そのものであるという思いから、宿舎にあてられている代々木のオリンピック村に出かけてゆき、堪能な中国語を駆使して、肉親探しを手伝い、厚生労働省の役人に掛け合い、彼らへの献身的な協力を惜しみませんでした。

◆生きる意味

彼女は、「書いたことでケリがついたような気がしているの。書いたことにより、突然自分の位置づけがわかったのよ。不思議なことに、書いてからは自分を恐怖におとしいれる夢を全く見なくなった。書くことによって、人生や事実というものに対する包容力のようなものが出てきたような気がしている。自分を不条理の世界に投げ込んだ中国や歴史に対して受け入れられるという境地に立てたの」と語ってくれました。

その後、彼女は千葉大学の留学生センターの教授、筑波大学の留学生センター長として留学生の文化適応に力をつくす日々を過ごしました。定年後は帝京大学の国際交流担当の顧問として、国際交流に力をつくしています。

また、年に一度は中国に渡り、科学技術者に対して日本語教育をしています。「歴史の不条理に投げ込んだ」日本と中国の架け橋としての役割を果たしているのです。

このような経過を見ると、忘却の彼方に抑圧し続けてきた体験をことばの力を借りて織り紡ぎ、意識化や対象化をすることによって記憶の連続性や整合性が回復することがわかります。この自分史の再構築の過程で人は癒やされ、生きる力が与えられるのです。

彼女は「あとがき」で、文章を書くという作業について次のように書いています。「書くまでは何か新しいものを発見するとは思いませんでした。しかし、書くたびに必ず新しい発見に出会います」と。その新しい発見とは、「生きていてよかった」「自分が生きているのは意味のあることだ」ということを確認する作業にほかなりません。

◆さらなる飛躍へ

遠藤さんはその後、たくさんの著書を著しました。いずれもこの不幸な体験の意味を知り、生きる力を取り戻すための本です。

最近刊は、『中国動漫新人類——日本のアニメと漫画が中国を動かす』[5]です。この本は、なぜ日本のアニメが中国の若者たちを動かしたかを、インタビューや質問紙調査を駆使して検証したものです。本書には、実証科学者としての徹底した姿勢が貫かれています。証拠に基づいて論考を進めるやりかたは、科学者そのものです。しかし語り口は、見事に謎を解いてみせる探偵のようです。

日本動漫が大好きな中国の若者たち。動漫好きが高じて日本語まで習得してしまうのです。北京大や精華大といった中国の超優秀な若者たちが、日本のアニメに中国語の字幕スーパーをつけることに熱中しているというのです。一方、反日デモで荒れ狂い、憎悪に満ちた形相で、戦争犯罪に対して日本の反省のなさを糾弾するのも同じ中国の若者たちです。遠藤さんは、今の中国の若者たちは、「日本動漫大好き」という感情と、「反日戦争」に関する教えを中心とする愛国主義教育で強化された「反日感情」とを同時に抱くに至った、すなわち心の中には日本に対するダブルスタンダードの感情を有していると指摘します。中国の若者は、心のダブルスタンダードを共存させ、その時々の状況に合わせて、「スイッチの切り替え」に日々従事しているのではないかと推測しています。

民主主義の国家においては主文化（メインカルチャー）と「次文化」（サブカルチャー）は相反する概念ではない。次文化は時代の淘汰を受け、あるものは生き残り、次世代の主文化を形成していくことになる。しかし社会主義国家においては、次文化の発展系として主文化があるのではない。なぜならば、主文化は上からの強制的な思想統一的文化で、次文化は大衆が選び、大衆の間から湧き上がってくる文化であるからだ。主文化は「トップダウン」で民衆に与えられ、次文化は「ボトムアップ」のかたちで世論を形成していく。二つの文化のベクトルは全く逆を向いているわけだ。しかも民衆の立場に立てば、主文化と次文化は地続きではなく独立して存在している。それぞれを消費するにあたっては、心の中で「スイッチの切り替え」が必要となる。

私の解釈では、愛国精神に基づいた「反日感情」を持ち合わせながら、どっぷり日本の動漫に漬かっている「心のダブルスタンダード」を有する中国の新人類達は、まさにこの「スイッチの切り替え」を日々行っていると考えることができる。

（遠藤［5］405頁より）

◆謎解きの終わりに

遠藤さんは北京の裏通りを歩いています。とある一軒のビデオショップが目に留まります。小学生とおぼしき少年が、ビデオショップに入っていきます。遠藤さんも少年のあとを追います。少年は、とあるDVDを指し、店主は「あいよ」と受け取り、奥に入ります。五分もするとコピーが作られ、少年の手に渡されます。嬉しそうにDVDを手に、少年は店を出て行きます。遠藤さんはその後を追います。「何を買ったの?」と声をかけると、人なつっこそうな笑顔で日本のアニメの題名を答えました。「日本の動漫好き?」の問いに、一瞬戸惑った様子の少年に遠藤さんは「おばちゃん、日本人よ」と言うと、少年は、いきなり嬉しそうに笑い、「おばちゃん日本人なの?」と言って、「もちろん! 日本動漫大好きです」と中国語で答えたそうです。そして突然、たどたどしい日本語で「コ・ン・ニ・チ・ワ」と挨拶し笑いかけました。その少年の笑顔には、少なからず日本人への憧憬と尊敬の念が込められていたというのです。

何という違いでしょう。遠藤さんが子ども時代、日本人であることを見破られまいと急いで駆け抜けた通り。「日本鬼子!」という罵声と共に唾を吐きかけられ、石が飛んできた同じ通りでの出来事でした。かつて、唇を噛み締め、急いで駆け抜けた同じ道を、今は大手をふって「私は日本人よ」と堂々と名乗れるのです。おまけに、少年は尊敬と憧憬の念を込めた笑顔で、日本語の挨拶を返してくるのです。

遠藤さんは、中国文明論の謎解きの最後に、日本人でありながら中国人としても生きた遠藤さん自身の「心のダブルスタンダード」を明かしてみせてくれます。またしても、自分自身についての新しい発見があったのです。中国のポップカルチャー熱を分析することを通して、今度こそ、日本人としてのアイデンティティを確立しえたのです。『卡子《チャーズ》』で出会った自分よりも、さらに深みのある、日本人としての誇りをもった自分自身に出会えたのです。

人は自分自身の発見のために、整合的な世界の中心に自分自身を位置づけるため書くという営みに従事します。自分が生きていることの意味を実感し、確認し、さらに生き続けるために、自己を綴り、文章に表すという営みに従事するのです。勇気を出して、自分の辛い体験を語り、綴ることを通して狂気から解放された人は少なくありません。

3　それでも、人生に「イエス」と言う

◆人生に「イエス」と言えるか

オーストリアの精神医学者のフランクルは、第二次大戦中、アウシュビッツの強制収容所に囚われ、奇跡的にも生き延びることできました。人間は極限状況の中では残忍で、忌まわしい人間性、原始性を示します。しかしそんな極限状況にあってもなお、人は未来を意識し、想像力を働かせることができます。未来を意識したとき、直接感覚に訴えてくる現在から離れるような精神活動が活発になります。またそうできたものだけが、精神の浄福を保ち続け、生きる力が与えられたのです。

フランクルは一九九二年六月に日本実存分析学会の招きで来日し、日本医科大学講堂で基調講演を行いました。フランクルは当時九十一歳で、白内障を患い、戦争中の無理がたたって膝を痛めたために、照明を暗くした会場で椅子に腰掛けて講演されました。収容所での体験をスライドを使いながら語り聞かせてくれました。こんなエピソードも語られました。

あるとき収容所の人々に、自分たちは十二月二十四日のクリスマスに解放されるという話が伝えられました。この話を聞いたとたん、病人の頬には赤みが射し、お年寄りも精一杯丸まった背を伸ばし、若者たちも懸命に労働に従事しました。子どもたちからは笑い声が聞こえましたし、若い女性たちにも笑顔が戻りました。こうして人々は、クリスマスがくるのを指折り数えて待ち望んだのです。やがて……その日はやってきました！　が、しかし、自分たちが自由にしてもらえるというのはデマだったのです。人々の中から落胆と悲鳴のような声が聞こえてきました。からだに何の故障もない若者たちが突然倒れて息絶えたのです。それは恐ろしい、信じられないような光景でした。

クリスマスに解放されることを頼みにして生きていた人たちは、デマとわかるといっぺんに精神が弱り、次々と死んでしまったのでした。一方、生き延びた人たちはいったいどんな人たちだったでしょうか。決して身体的に丈夫な人々ではなく、想像力に富んだ人たちだったのです。「なぜ、このようなことが起こったのでしょうか？」と、フランクルは静かにことばをつなげました。「人はパンのみにて生きるにあらず。自由意志の力、想像力の豊かな人は、極限状況にあってもなお、生きる意味を見いだせる。想像力によって、人は生きることができるのだ」と。

以下の文章には、このことが端的に表現されています。

人間が強制収容所において、外的にのみならず、その内面生活においても陥っていくあらゆる原始性にも拘わらず、たとえまれではあれ著しい内面化への傾向があったということが述べられねばならない。元来精神的に高い生活をしていた感じやすい人間は、ある場合には、その比較的繊細な感情素質にも拘わらず、収容所生活のかくも困難な、外的状況を苦痛ではあるにせよ彼等の精神生活にとってそれほど破壊的には体験しなかった。なぜならば彼等にとっては恐ろしい周囲の世界から精神の自由と内的な豊かさへと逃れる道が開かれていたからである。かくして、そしてかくしてのみ繊細な人間がしばしば頑丈な身体の人々よりも、収容所生活をよりよく耐ええたというパラドックスが理解されえるのである。

（フランクル[6]121－122頁より）

人はパンのみにて生きるのではありません。厳しい収容所生活で生きる目標と希望とをフランクルに与えたのは、パンではなくて、人間の精神の基本的な営みである想像力であったのです。しかし想像力は、生きる力を与えるばかりでなく、想像力を働かせた結果、未来を破壊し、人間の生命を脅かすという否定的面もあります。この否定的な面を予測し、評価し、ある決断をくだすのも省察する力、すなわち「メタ的想像力」[7]が関わっています。想像を働かせた結果どうなるかをも視座に入れて未来を思い浮かべることができるかどうかが、問われるのです。

収容所を生き抜いたフランクルは、その体験を通して、人間の精神の偉大さに気づいていきます。人間は自らの自由意志に基づいて人生の意味や価値を追求する存在です。どんな人生にも意味があります。そして人は、意味への意志を発動することにより、その人生にイエスと言う答えに到達するのです。

人生にイエスと言う答えを出せるのは、自分自身が生きていることの意味と意義が了解できたとき、それによって、自分自身の存在を受け入れることができたときなのです。

◆命の時間が残されていない自分にも、生きる意味はあるか

フランクルは、講演の最後に会場から質問を受けました。パジャマにガウン姿の聴講者が真っ先に手をあげました。「私はこの病院に入院している余命三週間と告げられた末期がんの患者です。もうすぐ死んでしまうかもしれないのです。残された命の時間はあとわずかです。こんな私にも生きる意味があるのでしょうか?」という質問に会場は静まりかえり、フランクルの答えを待ちました。

フランクルは、質問者に穏やかな微笑を向けながら述べました。

お見受けしたところ、あなたは立派な方だ。家庭にあっては妻や子どもたちと幸せな時を過ごし、社会にあっては仕事を立派にこなしてこられた方であるに違いありません。これまでの人生を振り返ってみてください。楽しいとき、仕事に励んだとき、努力が報われず落ち込んだときもあったでしょう。その一つひとつの営みが何一つ無駄なことではなく、あなたという人の生き方を支え、あな

たが確かにこの世に生きたという証しをもたらしてくれるのです。

それに、西洋医学の診断はしばしば誤ることがあります。三週間という診断があったとしても、もっと短い時間しか残されていないかもしれません。あるいは、もっと長く、半年先まで生きることができるかもしれません。しかも、生きる意味を見いだすのに、そう時間はかかりません。今のこの瞬間にも、ご自分のことを振り返っておられますよね？

短い時間でも、自分の人生を振り返り、生きる意味を見いだせるはずです。余命が短いということは、意味を求める努力が活発になることを意味しています。元気なときなら、人は自分の人生を振り返ることはありません。逆境にあるとき、苦悩のまっただ中にいるとき、そして、命の時間が残されていないときこそ、生きることの意味を探る努力は最大になるのです。

人の活動範囲が問題なのではありません。大切なのは、その活動範囲においてどれだけ最善をつくしているか、その生活が「まっとう」されているかだけなのです。各人の具体的な活動範囲内では、一人ひとりの人間がかけがえがなく代理不可能なのです。各人の人生が与えた仕事はその人だけが果たすべきものであり、その人だけに求められているのです。

（傍線部、フランクル［8］32頁より）

回答の最後に、『夜と霧』の中に掲載された「苦悩の冠」という節の、ある女性のエピソードを紹介されたのです。それを聞いたとたん、質問者の表情は、緊迫したものからしだいに穏やかになっていき、最後は、微笑みながらうなずいて、静かに座ったのでした。

◆「苦悩の冠」――一人の若い女性の死

この若い女性は、自分が近いうちに死ぬであろうことを知っていました。それにもかかわらず、フランクルと語ったとき、彼女は快活でした。

私をこんなひどい目に遭わしてくれた運命に対して、私は感謝していますわ。なぜかと言いますと、以前のブルジョワ的生活で私は甘やかされていましたし、本当に真剣に精神的な望みを追ってはいなかったからですの。

（フランクル〔9〕170頁より）

最後の日、彼女の意識は内面の世界へと向いていました。

「あそこにある樹は、ひとりぼっちの私のただ一人のお友だちですの」と、バラックの窓の外を指した。窓の外には一本のカスタニエン（ライラックとも呼ぶ）の樹がちょうど花盛りだった。フランクルは病人のベッドの所に屈んで窓の外を見ると、バラックの病舎の小さな窓を通して、ちょうど二つの蝋燭のような花をつけた緑の枝を見ることができた。

「この樹とよくお話ししますの。」と彼女は言った。私はちょっとまごついた。彼女のことばの意味がわからなかったからである。彼女はせん妄状態で幻覚を起こしているのだろうか？　不思議に思ったフランクルはその女性に尋ねた。

「樹はあなたに何か返事をしましたか？……え、しましたって！　では何て樹は言ったのですか？」

彼女は答えた。

「あの樹はこう申しましたの。私はここにいる。……私は……ここに……いる。私はいるのだ。永遠の命だ。」

（以上若い女性のセリフはフランクル［9］171頁より）

この女性は、穏やかな微笑みを浮かべながら、静かに語り、永遠の眠りに就いたのでした。

◆世界づくりの装置

収容所を生き抜いたフランクルは、その体験をドキュメンタリーとして書き残すことによって、精神の浄福を保つことができました。

しかし一方で、ドキュメンタリーや物語として語られ、綴られる自分の体験は、物語という形をとった虚構でもあります。

高橋[10]は、物語の意味と意義について次のように述べています。

物語とは設問の自由と回答の自由の間におこるフレクシブルな解釈の自由を許す大脳のシステムにあり、その多様な選択肢は、人間が生きるという行為の中で描く過去と未来のイメージの創造によって、淘汰され、限定されるものなのであろう。

こうして発生した物語に集団の意志の流れをつくりあげたり、また解体させたりする実効があるのは興味深い。

物語は確かに作為であり、広い意味での虚偽である。しかも、この虚偽は、よし虚偽であったとしても、物語を形成した当人によって望まれた解釈であり、それが複数の集団の環境意識の中で、共有される解釈であるとき、集団を動かす実効のある虚偽である。

こうした虚偽は、いわゆる、真偽という尺度によって葬られるような虚偽ではない。それは大きな価値の選択を迫る機能を果たしている。

この物語効果は、物語を所有した集団の命運を定めるものでさえある。

物語はわれわれの個々の頭脳に内蔵された基本的な思考構造であり、それは人間がひとりで自然の中で生きていくだけではなく、複数の集団として生きていくための行動をつくりだす。

いわば、了解するところに物語の流布があり、納得する背景に物語が潜むのである。

（高橋[10]１１３－１１４頁）

個人のレベルで見れば、物語は世界づくりの手段であり、集団のレベルで見れば、価値体系を生成し共有するための手段なのです。いわば、文化の創造と伝承の装置なのです。

村上春樹の小説『1Q84』[11]は、二〇〇九年七月に公刊されるや、ベストセラーとなり、多くの読者に読まれ続けています。この小説は、一九八四年に起こった松本サリン事件がテーマになっていますが、なぜ知的にも高い若者たちがカルト集団に入り、あのような集団殺人という恐ろしい事件を起こしたのでしょうか。村上は、「ごく普通の、犯罪者性人格でもない人間がいろんな流れのままに重い罪を犯し、気がついたときにはいつ命が奪われるかわからない死刑囚になっていた」ことの意味を考え続け、「原理主義やある種の神話性に対抗する物語」を立ち上げようとこの本を書いたと述べています。まさに物語は、われわれの魂がシステムに絡めとられないようにする装置であり、読者は物語を通して各自の生きる道、方途を見つけることができるということを、これほど強く訴えかけた作品を私は他に知りません。

私たちは、考える力を絡めとろうとするシステムに抵抗できるような物語、そして、何よりも、自分自身が主人公の物語を構築し綴ることを通して、人は考える力を取り戻すことができるのです[12]。

これまでの章では、負の連鎖は断ち切れるということを述べてきました。そして、負の連鎖を断ち切る方法を提案しました。その方法の第一は、身近な人（生物学的母親とは限らない養育者、親戚の人、近隣の人、保育者、教師、友人等、個人に深く関わる大人）との愛着の結び直しです。負の連鎖を断ち切る方法の第二のものは、青年期の内省、自己の省察のため、「体験」や「物語」を綴ることです。これらは絡み合っています。体験を綴り、物語を綴るときに、愛着の結び直しが起こるのです。

次章では、幼い頃の負の体験を物語を創作することを通して乗り越えた、共著者である見上まり子さんに、自分史を語っていただくことにします。見上さんは、自分の生きたこれまでを、『れんげ草の庭』と題するフィクションの形で綴り、何度も推敲する過程で、母との和解に成功しました。愛着の結び直しができたのです。見上さんは、「物語」を綴ることによって、見事、負の連鎖から解放されたのです。

負の連鎖はことばの力で断ち切れる――そのことを、説得的に訴える素晴らしい作品です。

第5章　れんげ草の庭
――一つの人生で人は生き直すことができる

1　お母さん失格

線路沿いの3DKのマンションにいると、一日中遮断機のカンカンというけたたましい音が絶えることはない。築三十年の造りの部屋は天井がやたらと低く、どんな音でも家中に広がる。私は一歳の息子を寝かしつけようとかれこれ一時間以上抱いたまま、どうしようもない怒りが収まらない。

「まったく、もううるさい。いつまでここに暮らさないといけないの！　本当に何もかもうまくいかない。こんなところ大嫌い、大嫌い。」

静けさから遠ざけられたこの場所が、時折耐えられなくなる。こんな気分になるのは、家のせいだけじゃないのはわかっていた。子どもとの生活。自分の生活に耐えられなかった。自分の生活のほとんどが愛せなかった。

こんなはずじゃなかった。もっと、もっと幸せなお母さんになるはずだった。楽しく笑って子どもと過ごそうと思って専業主婦になったはずだった。なのに、私は毎日子どもといることが楽しくなかった。

子どものことを心から大切にしたいと思ってるのに、どうしてうまく接することができないんだろう？せっかく、可愛い子どもたちに恵まれたのに、どうして毎日イライラするんだろう？　愛しているのに、どうしてもそれを子どもたちと自分の生活に表現できなかった。

今日も発端はくだらないことだった。娘の遠足のリュックを片付けようとしたら、残っているはずのお菓子がない。尋ねると「お友だちに全部あげちゃった」と言うのだ。私はこれに腹を立ててしまった。相手の子は幼稚園では中心的な子だ。いつも娘はこの子の機嫌をとるようなことばかりしていて、私は日ごろから娘のこの行動をもどかしく思っていた。

「どうして、物をあげて媚びるようなことをするの！」

「だって、何回もちょうだい、ちょうだいっていうんだもん。嫌って言ってもきいてくれないんだもん。あげないともう遊ばないとかいうんだもん。」

気づいたら怒鳴り散らしていた。体のどこかからかは母親としておかしいというサインが来ていたがもう、止まらない。泣いてわびる娘と怒りをどう収めればいいかわからなくなった母親。

「人に遊んでほしいからって、物をあげるのを媚びるって言うんだよ。」

「あげただけ。ごめんなさい、ごめんなさい。」

「謝ってほしくない。そういうのが頭にくるの。なんでそんなに弱いの。」

自分でも、娘が何を言えば許せるのかわからない。五歳の子が弱いのは当たり前なのはわかっていた。「そっか、ちひろがそう決めたんだったらそれが良いことだったんだろうね」と娘の判断を認めてやったほうが、この子の自信につながるのも知っていた。でも、言えなかった。ただ怒りが爆発している。頭がカーッとしてしまって、やめたくてもやめられない。どうしていいかわからない。もう、頭の中はめちゃくちゃで、娘の心を壊して、ずたずたにしてるのに止まらない。

娘は、「ママ、ごめんなさい、ごめんなさい」と泣くばかり。私は娘が自信のない態度で人に接するのが嫌だった。「それを五歳の子に求めるのは酷だよ、ちいちゃんがかわいそうだよ」もう一人の自分がそう言った。

私は怒鳴るのをやめてからも、心の中は自分への罪悪感と娘を責める気持ちでずっとイライラしていた。娘は、涙が収まってからは窓辺においてある机で何やら書き物をしている。下の息子がようやく寝てくれたので、布団におろして自分も少し横になって休もうと思った。そうしたら気分も変わるかもしれない。すると、何やら枕元でかさかさと音がする。娘がいるなと思い、

「ちいちゃんもお昼寝する？」

と声をかけた。だが、娘は何も言わずぱたぱたと足音だけ残して隣の部屋に行ってしまった。私の枕元にあったのは、さっき娘が書いていた小さな手紙だった。

『ママへ、ちいちゃんは悪いことをしました。もう　丸ごとおかしをひとにあげません。ママ　これからも　ちいちゃんがわるい子にならないようにおしえてください。』

「ああ、違う、違う。悪いことをしたのはママのほう。お菓子を丸ごとあげるのはそんな悪いことじゃないんだよ。今、ママはちいちゃんを叱ったんじゃないんだよ。ちいちゃんに暴力を振るったんだ。悪いのはちいちゃんじゃない。ママは悪いことをして謝ることもできない。ちいちゃんよりずっと悪い人なんだよ。」そう思ったけれど、ことばにならない。自分が悪いと言って謝ってやれない。理性が「いらいら」に勝ってくれなかった。私が謝ってやらなければ、娘は自分のことを「悪い子」だと思ってしまう。自信を失ってしまう。娘が友だちとうまくいかないのは、私のこういうやりようが悪いからだ。

この子には私しかいないのに幸せにできない。

子どもを持ってから、私はこの苦しみから逃れられなかった。娘が自分の思うようにしてくれないと腹が立って抑えられなくなるのだ。自分と違う人間を思うようにしようとすることは暴力と同じだ。そんなこと知っている。だけど毎回爆発する。娘を私の思うようにしたくてカーッとなる。私なんかが母親じゃダメだ。本当に自分を何とかしないと、この子をめちゃくちゃに傷つけてしまう。

いい親になろうと、今まで手当たりしだいにいろいろなことをやってみていた。布オムツや離乳食の勉強から、シュタイナー教育をはじめ「抱っこ法」「親業」などの「育児」と名のつく本は片っ端から読みあさった。良いと聞けば、子育ての講演会は何度も聞きにいった。とにかく、娘をそのまま受け入れられる、いいお母さんになってあげたかった。「そのままでいいんだよ。お母さんはあなたが大好きだよ」と言って、丸ごと娘を受け入れてやりたい。

だけど、いざ、娘が思うようにいかないと怒鳴り散らしているのだ。家事をしているときに「あそんで」と言われるだけで、「どうして、邪魔をしにくるの、あっちいってて」とはねつけてしまう。今度こそ、と思って外に遊びに連れ出ても、すぐに「かえる」と言われるとそこでまた腹が立つ。「わがままもいい加減にして。何してあげても文句いうのね」と切れてしまう。何をやってもこの子とはうまくいかないと、毎日娘にイライラしどおしだった。

うまくいかないのは、本当は娘じゃない、「私の感情」だ。わかっていても、その場になると私は一方的に娘を責め続けていた。娘がすっかり萎縮していても、暴言が次々と出てしまう。『人間は自分が「これは悪だ」と認識しながら行うとき、最も自分の精神を傷つける。』と読んだことがあるが、その通りだ。娘を傷つけている、悪いこともしてないのに、悪い子のように扱っている。頭ではわかっていても止められない。自分を変えたいと頑張っても、どうしても変われない。この葛藤に、自分の心が腐っていきそうだった。相談できるところを探して歩いたが役に立つ情報はもらえず、毎日なすすべもなく月日だけが過ぎていく。

「カウンセリング受けてみたら？」そんなとき、そう勧めてくれたのは近くに住むママ友達のマユミちゃんだった。

「いろいろ知ってるよ。いろんな人に会って話してみたら？　外国とかじゃカウンセリングなんて当たり前なんだよ。まりちゃん、きっと糸口が見つかるよ。」

いつものたんたんとした調子でマユミちゃんが教えてくれた。これが始まりだった。

2　出会い

マユミちゃんとの出会いは、時をさかのぼること四年前、娘が生まれてすぐの春のことだった。

妊娠七ヵ月のとき、私たち夫婦は主人の転勤で大阪から関東に引っ越してきた。関西で生まれ育った私たちには当然、近所に親しい友人や親類はいない。私は、お腹が大きくあまり動けなかったので、引っ越しの片付けがやっと終わったと思った頃にはもう産み月で、知り合いをつくる暇もなかった。

一月、その冬初めて雪が積もった朝に娘は生まれた。思いの他の安産で、親子ともども四日で無事に退院することができた。私たち夫婦は、ともに両親が関西で仕事を持っていたため、出産と産後を親に助けてもらうという考えが全くなかった。私は娘を抱いて荷物を背負い、公衆電話の受話器をあごに挟んでタクシーを呼んで一人で退院した。そして、そのまま休むことなく、家事と育児が始まった。

家事はともかく、私一人の育児はさすがに喜びよりも不安のほうが大きくて、この赤ちゃんを死なせることなく育てられるかが最大の心配だった。頭の中に一生懸命世話をしても、虫に食われたりカビを発生させたりして枯らしてしまった花や木の姿が次々に浮かんでくる。そのたびに「違う違う、そんなことない。花と人間一緒にしたらあかん」と、何度も何度も打ち消した。

娘は、私のお乳の出が悪かったせいでよく泣き、夜もあまり眠ってくれなかった。睡眠不足と育児の不安で私は体力を使い果たしていたが、頼るところもない。力をふりしぼって、オムツを替えて家事をこなす。毎日が飛ぶように過ぎていった。

やっと一ヵ月経って、娘の検診の日がやってきた。私は前日から気が重かった。まず、母乳の出が悪く、体重が増えていないことを言われるだろう。そしてさらに重い気分になるのは、私に運転免許がないことだった。一人で娘を抱え、オムツのたくさん入った荷物を持って一駅先の病院に行くのを考えるだけでも気が滅入る。その上、そこから検診までの待ち時間。「子どもが泣いたら？　オムツを替えるときはどうしよう。」新米ママで要領も悪かった私の不安は、あげればきりがなかった。仕事上、主人に休んでもらうわけにもいかない。一人の子育ての中で、一ヵ月検診はとりわけ泣きたくなるくらい心細かった。

次の日、それでも何とか病院にたどりつき、やっとのことで娘の順番が来た。予想していた通り、体重測定では標準の半分も体重が増えていない。だけど、お医者さんはそのことには一言も触れず、娘の足をグルグル回したり引っ張ったりして難しい顔をしている。娘はおもいっきり泣き叫んでいたが、お医者さんは平然として手を止めようとしなかった。初めての育児でちょっと娘が泣いたら駆けつけて右往左往していた私は、そのことにすっかり感心した。「赤ちゃんって泣いていても大丈夫なんだぁ」と、変な発見をして呑気に診察を眺めていた。

すると、突然お医者さんが手を止めたかと思うと、こちらを見て、

「股関節脱臼の疑いがあります。少し様子を見ましょう。とりあえず大きい病院でレントゲンを撮ってもらってきてください。そうですね、二週間後くらいに持ってきてください。」

「は、はい」、何とかそう答えたものの、突然、何かが頭と胸に突き刺さって私の思考は止まってしまった。返事はしながら頭はぼうっとして、お医者さんが何を説明しているのかわからない。看護師さんに促されて、やっと近くであろう大きな病院の名前を言っていたが、そこが自分の家から本当に近いかどうかはわからなかった。

しばらく待合室で呆然としていた。大きな病院は、ここから電車とバスで行かなくてはいけないというのは聞いたことがあった。そこでレントゲンを撮るらしい。股関節脱臼って何？　もっと娘の体のことを

聞けばよかった。歩けなくなる心配はないか確認しなかったことを悔やんだ。

「お母さん、大丈夫？　関西の人でしょ。ことばですぐわかるわ。越してきてまだ間がないんでしょ。こっちに知り合いいいる？」

話しかけてくれたのは、出産のときにもお世話になった婦長さんだ。

「いいえ。親兄弟も大阪だし、越してきてまだ四ヵ月なんです。知り合いもいません。」

もう泣きそうなのを必死にこらえながら答えると、

「あなたの家の近くにね、私の友だちがいるの。元看護師でね。今、赤ちゃんができて仕事やめてるの。紹介してあげるわよ。とってもいい人よ。力になってくれると思うわ。連絡してみて。」

その場で婦長さんからその元看護師さんの連絡先のメモをもらい、とてもじゃないが行きと同じように電車で帰る気力も失せて、タクシーを呼んでもらって家に戻った。

幸い大阪育ちの私は「人見知り」がなく、見知らぬ人に電話をすると聞いても何もためらわなかった。ましてや藁にもすがる思いだ。帰るやいなや受話器をとって、その人に電話をかけた。元看護師の鈴木マ

ユミさんは、ちょうど家にいてくれた。婦長さんが先に連絡を入れていてくれたので話はすぐに通じ、こちらの様子を少し話すと、

「うん、うん、わかった。大丈夫だから。心配ないから。ね、よかったら今から行ってもいい？　そこまで車で五分くらいだから、すぐ行くよ。会って話すのが一番いいしね。」

と、いとも簡単に言ってくれた。

マユミちゃんは、それから本当に五分くらいで私の家に来てくれた。玄関の扉を開けて、そこに立っていたのは、長身で本気で女優だったんじゃないかと思うくらいの驚くほどの美人。そして四ヵ月後に出産を控えた大きなお腹なんて重くもなんともないといったふうに涼しく笑って、「鈴木です。初めまして」と言ったとき、周りの空気が透明に光った気がした。

早速家に上がってもらい一通り自己紹介が終わると、私は病院で言われた股関節脱臼のこと、私が本気で赤ちゃんが死ぬんではないかと心配していること、お乳があまり出ないこと、夜眠れないこと、車の運転ができないことなど、同じ話を何度も繰り返し、この一ヵ月ためていた泣き言を延々と話し続けた。マユミちゃんはただ「大丈夫、大丈夫」とうなずくだけで、半分以上愚痴になってしまう私の話を半日かけて聞いてくれた。そして、

「大丈夫よ、まりちゃん。赤ちゃんは生きるために生まれてるんだもん。成長ホルモンもたくさん

出てるんだよ。絶対死なない。それに赤ちゃんは自分のお母さんが子育てをどうしたらいいか教えてくれるんだってよ。そのために必要な人も、赤ちゃんが連れて来るんだって。だから、大丈夫だから安心して赤ちゃんといればいいよ。

病院は一緒に行こう。車は私が出せるから。そうそう布オムツも用意しようね。股関節脱臼が疑われるときは、股関節を開かせるためにオムツを五、六枚重ねて当ててあげるといいんだよ。そのほうが股関節がやわらかくなるんだって。私いいの知ってるから。」

お腹の大きな人がとても簡単にできないことを、本当になんでもないようにマユミちゃんはさらっと言った。ここは本当なら一度くらい、「そんな、お腹の大きな人に申し訳ないですから」と遠慮しないといけないところだったが、私は

「ほんと？　助かります。お願いします。ありがとうございます。」

と即答してしまった。もちろんこの恩は、何かの形で必ず返すと心に誓いながら。

マユミちゃんは不思議な人だった。ことばどおり、病院に行く日は私のマンションの玄関前まで送り迎えをしてくれた。なのに私は、一度も彼女の「してあげてる」という気持ちを感じなかった。私へのすべての行為が自然だった。マユミちゃんのことばはいつも涼しく、やさしかった。私はマユミちゃんからして貰うばかりで、何のお返しもできないのに、少しも罪悪感を感じないのが不思議だった。ただ感謝を感

じるだけ。こんな親切は初めてだった。そんなマユミちゃんのやりかただった。

この人は生まれながらの医療者だと思った。会ったことはないけれど、神様でも下手したら、マユミちゃんほどはできないだろうと思う。遠くの下手な神様よりマユミちゃんであった。所詮お空の神様は何もできない。人間のことは人間しかできない。地獄にマユミちゃん。ほんとに、ほんとにありがたかった。

そして、いつも車の中ではいろいろな話をした。マユミちゃんは、私の子育ての常識をいい意味で変えてくれた。

「子どもは大人の一日分を一週間で食べればいいんだって」とか、「昔はさ、ご飯をあまり食べないで育つ子がいい子だったのに、今は反対だねぇ。お母さんたち、子どもが食べないのが悩みだもんねぇ。昔のほうが衛生面も悪いし食事も貧しいのに、たくさん子ども育ててたんだよ。だから食べない子は親孝行だって喜ばれたんだからねぇ」とか、ひょうひょうと話してくれた。

いつも四角四面に考えすぎて自分を疲れさせてしまう私は、マユミちゃんに会うたびに少しずつ力がぬけていった。いちいち「ええっ」と驚く私をマユミちゃんは、「まりちゃん、面白いねぇ。やっぱ大阪の人だから?」とけたけた笑って面白がってくれる。そして、本当によく泣く娘に

「ちいちゃん、いい子だねぇ。よく泣くのはいい子の証拠。おかあさーんって泣く子は本当にいい子なんだよ。」

と話しかけてくれた。

そんな、マユミちゃんのふとしたことばに、時折私は不意をつかれて涙ぐんでしまうのだった。

半年たち、結局、娘の股関節脱臼はなんともないことがわかった。「異常なし」と聞いたときは心からほっとして、一気に体の緊張がぬけた。この半年はいったいなんだったんだろう。マユミちゃんに「子育て」を教えてもらった半年だった。

娘が「この人から子育てを教えてもらいなさい」とマユミちゃんを連れてくるための、股関節脱臼だったのかもしれない。

「大丈夫だよ、まりちゃん。ちいちゃん、いい子だよ。」

マユミちゃん、ありがとう。

3　カウンセリング

マユミちゃんも、元気な男の子を出産した。家が近かったので、それからも子連れでよくお互いの家を行き来し、おつきあいをさせてもらっていた。子どもが病気をしたり、二人目を妊娠してつわりがひどいときはことのほかお世話になったし、もちろん子育ての悩みや愚痴は、しょっちゅう聞いてもらっていた。

突然カウンセリングと聞くと、なじみもないし、なんだか深刻な感じがして抵抗がある。でも、国立の看護短大を出て結婚するまで一流病院の看護師を続けていた人の言うことだ。マユミちゃんの医療知識が豊富で確かなのは実証ずみだったし、マユミちゃんの勧めてくれるものなら、自分の助けになるのではと思った。

「前から、まりちゃんに勧めようと思ってたんだ。もう現役は引退してるんだけど、いい先生でね。年は七十前くらいかな。仲間うちでは、そのうち、あの先生浮くんじゃないかって噂してるんだ。ちょっと人間離れしてるけどね〜。とにかく一度会ってみるといいと思うの。まりちゃん、行ってきな。」

確かに、今まで専門家の講演会や本を通じて、子育て、親の役割についての知識をインプットはしてきたけれど、プロのカウンセラーに自分の話を聞いてもらうということはやったことはない。マユミちゃんが言うには、アメリカなんかでは「怒りのコントロール」にセラピーは普通のことらしい。費用はかかるけれど、とにかくやってみよう。合わなければやめればいいし。スポンサーである主人に相談すると、二つ返事で了解してくれた。主人も、私が子育てに苦しんでいるのを見るのは辛かったのだ。そうして、私のカウンセリングは始まった。

マユミちゃんが紹介してくれた結城先生は、現役は引退して悠々自適にやりたい仕事だけしているということだった。私は都内の閑静な高級住宅街にある先生のマンションにおじゃました。

「ああ、遠いところをようこそ。」

結城先生は玄関でこう言って、静かなニコニコ笑顔で出迎えてくれた。不思議な透明感のある、やさしそうなおじいちゃん先生だった。

「鈴木さんの紹介ですよね。あぁ、先に言っておきますけど、僕のこと先生と呼ばないでくださいね。悩みは私が解決するんじゃなくて、あなたが解決するんでね、私は少しお手伝いするだけなんですよ。だから僕のことは名前で呼んでくださいね。あなたの先生はあなただからね。」

結城さんは、私が今までに会ったことのないタイプの方だった。なんだか微妙な人間離れしたトーンの声、やさしい穏やかなリズムの話し方。マユミちゃんの「浮きそう」という表現がぴったりだ。

「さあ、あなたのここに来た目的を教えてください。」

私は、これまでの子育ての悩みを一生懸命話した。子どもはいい子なのに自分の怒りで傷つけていること。子どもの世話が楽しくできないこと。「なんで自分がこんなことしないといけないの？」と、毎日思ってしまうこと。うまく可愛がれないことへの罪悪感。心の中の葛藤や悩みをできるだけわかってほしくて、事細かに話した。

結城さんは、うなずきながらときどき鉛筆でメモをとっていた。一通り私の話が終わると、

「で、あなたはどんな子どもでした？　あなた自身はどんな四歳でした？　その話をしてくれますか。」

「はっ？…？…？」

「だって、あなた、子どもはいい子だってさっきから何回も言ってるでしょ。じゃあ問題は、あなた自身の中にありそうですよね。だから聞かせてほしいんですけど。」

私の子ども時代？　そんなことを聞かれるとは思ってなかったので驚いたものの、反面、今まで思い及ばないところだった。そこに何か解決の糸口があるかもしれないと、私の期待は一気に高まった。

子どもの頃と言われて一番最初に思い出すのは「息苦しさ」であり、「生き苦しさ」だ。普通なら子どもの頃の思い出といえば、一番楽しく自由な時代で、母親に甘えたりといった温かいものだろう。子ども時代に「戻れるものならば戻りたい」と語る本を、以前何冊も読んだことがある。だけど私にとって、子ども時代は二度と戻りたくない場所だった。

私は大阪のはずれの山すその小さな町に、両親の初めての子として生まれた。それから、年子の妹が生まれたのを機に、私の面倒を見てもらうためと、両親は母方の祖母と同居を始める。だから私が二歳にな

るかならないかの頃から、両親、祖母、妹の五人家族になり、私はほとんどの時間を「おばあちゃんの部屋」と呼ばれる部屋で生活するようになっていた。

当時、二十七歳だった父は繊維メーカーのサラリーマンだったが、家計は苦しく、父より二つ年下の母は妹が二歳くらいになると近くのスーパーでパートをしていた。父はデザインの仕事をするだけあって、おしゃれで繊細な人だったが、母はいつも「男に生まれ変わりたい」と言って、髪はいつも短く化粧もしたことがない。ことばも男言葉で、ことばの暴力、肉体の暴力が日常だった。両親は非常に危険な家庭を築き、結局私が十八のとき離婚することになる。

思い出せる一番遠くの思い出は、いつも祖母の部屋にいる自分ばかり。祖母の部屋は台所の隣の畳六畳の部屋で、両親と妹の部屋は台所を挟んで向こう側。祖母の部屋にいればすべて事足りてしまうため、私は台所から向こうに行くことはほとんどなく、ときどき覗き見る台所の向こう側は、まるで別の家のようだった。

私は一日の大半を、この祖母と二人だけで過ごしていた。そして、この祖母がめちゃくちゃに私を可愛がり、ありとあらゆる世話をしてくれた。「まり子が世界で一番可愛い、美人さん。うちのおひい（姫）さん」と一日中言って、私がどんな失敗をしても全部なかったことにしてくれた。おねしょやお漏らしをどれだけ祖母が隠蔽してくれたかわからないし、私が物を壊したりしても、全部年子の妹がやったことにしてくれた。私は祖母がいるときはいつも安泰だった。

小学校に上がってもそれは変わらず、私が悪い点をとっても、「これは、何かの間違いですなー」と言って、全部灰皿の上で燃やすのだ。祖母はまり子はかしこいから悪い点をとるのは何かの間違いだと言うのだけれど、今思えばずっこけてしまう。だけど祖母は迷うことなく、それらをやってくれた。私には妹が二人いるが、祖母は明らかに私一人をえこひいきし、もらい物のおやつなどはいつもこっそり私だけに食べさせてくれたし、お風呂も私だけが学校に上がっても、祖母と入って頭から体まで全部洗ってもらっていた。

後の話になるが、下の妹二人は中学で非行に走ったのに、私一人この環境で何とか横道にそれず、自殺もせずに生きていけたのは、この祖母のおかげではないかと思う。「世界で一番可愛くて、美人で、かしこいまり子」は、決して自分を汚すことができなかった。祖母の刷り込みのおかげで、不思議だが九十九パーセント「違う」とわかっていても、後の一パーセントは「もしかしたら本当かも」と思えてしまうのだ。

一方、母親には叩かれる以外に抱かれた記憶も、やさしく話しかけられた記憶も全くない。この記憶は確かで、後に母が妹の非行を学校で注意をされたとき、私と先生の前で、「私、この子のこと一番抱けへんかったし、一緒に遊んでやったこともないわ。まだ、妹のほうが手がかかって抱っこしてたわ。それでも、まり子はちゃんと育ってますやん。なんで陽子だけあんなんやろか」と話していた。私は当時、かまってもらわずに育つことが良いことだと思い、その母の話を誇らしく思って聞いていた。

母と父、そして祖母は互いにとても仲が悪く、いつも喧嘩ばかりしていた。小さいときから私は、「どうして結婚したんだろう？　どうして一緒に住んだんだろう？」と不思議で仕方なかった。おのおのが「最初から嫌いだった」と言っていた。母と父は最初から嫌いなのに結婚し、祖母は父を最初から嫌いなのに同居した。子どもの私はそんな話を毎日、毎日聞かされて育った。祖母と母は、私の前で父のことを

「あのおっさん」と言ったし、父は祖母と母のことを、私に「あんたのおばあちゃん」「あんたのお母ちゃん」と言っていた。みんなの糸は、最初からぷっつり切れていた。

その上母は、家族の世話を一切しなかった。家事一切は祖母の仕事で、母は父の食事の時間ですら、わざと出かけていつも家にいない。パートから帰るとすぐに「友だち」と称する人の家に行ってしまい、ときどきそこで一人でご飯も食べていた。母曰く「おばあさんも、おっさんも嫌いやから家にいたくない」ということなのだ。家で子どもと一緒にいたいとは思ってもらえなかった。私と妹には、母を家につなぎとめる力はなかった。だから、家でたまにしか見かけない母を、私はどうしても「おかあさん」とは思えなかった。

幼稚園のとき、「おかあさん」という歌を習った。「おかあさんは、おいしいごはんをつくってくれる。いつも石鹸のにおいがする。ママ　大好き…」とかいう歌詞だったけれど、これがどうしても歌えなかった。お母さんは私のご飯を作ってくれないし、洗濯もしない。一緒にお風呂も入ったことがないから石鹸の匂いもしない。いつもまじめで先生の言うことをよく聞く私が、どんなに促されてもこの歌だけは口を開けられない。そんなとき、先生方はとても不思議がったが、私を叱りもせずそっとしておいてくれていた。

「お母さんはやさしくて温かくていいにおいがする。」

歌だけに限らず、子どもの絵本や紙芝居などにはこんなイメージを当たり前みたいに押し付けてくるものがあるが、母をそんなふうには受け止められない。私が当時好んだ絵本は、子ザルが人間のおじさんと暮らす話や、日本昔話やグリム童話だった。他人と子どもが暮らす話でないと、しっかりお話に入ることができなかった。物語の主人公たちには、たいがいやさしい親がいないのに、子どもだけで助け合って何とか生きていく。中でも「桃太郎」は大好きで、何度も何度も読み返した。桃から生まれた桃太郎はみなしごで、それが人間でない動物だけ連れて鬼をやっつける不思議がなんとも言えなかった。

私の記憶にあるその頃の母はいつも怒っていて、機嫌が悪く、会えば私が傷つくことばかり言ってくる。「可愛くない」「子どもらしくない」「お前はあほだ」と言ってよく叩かれた。自分から母の部屋に行くこともなく、祖母にべったりで甘やかされて自分の靴の左右もわからない私は、母には可愛げのない子どもだったのだろう。だから、母が家にいないことをさほど寂しいとか嫌だとは思った記憶はない。逆に母が家からいなくなるとほっとした。

それから私が五歳のとき、母は交通事故にあった。首の骨を折る大事故で、当時は聞かされていなかったが、死ななかったのが不思議とお医者さんから言われるぐらいだったらしい。母は半年以上入院し、右半身に麻痺が残るという後遺症も負ってしまった。そのとき、周りの大人が私を見て、「可愛そうに、一番お母さん恋しいときやのに」と言っていたが、半年母が帰ってこないのは私にはなんでもないことだった。私は母を恋しがることもなかったし、病院に「会いに行きたい」と言ったこともない。祖母がいてくれれば母がいないのはいつもと変わらないし、かえって安心なくらいだった。

私の娘なんて、主人に預けて少し美容院に行くだけの時間でも私がいないと寂しがって、帰ると大喜びする。私だって決していいお母さんではない。それでもこれが普通の子どもの反応だろう。私は普通の子どもではなかった。子どもの私の心は凍っていた。包帯を巻かれた母をかわいそうだとも思わなかったのだから。

いつも、家の中では違和感があった。私は自分をここの家族とは「違う人」だと思っていた。ある晩、父が私と妹をからかって、「まり子と陽子は橋の下で泣いてたのを拾ってきたんやで」と笑いながら言ったことがあった。妹は「うそや、うそいうなー」と半泣きで父に向かっていったが、私は心の中で「やっぱり！」と思った。「どこかに私の本当のお父さんとお母さんがいるかもしれない」という思いは、それからの私の心の支えになった。

父は後から「嘘やよ。まりも、ちゃんとうちの子やからな」とフォローしていたが、私は父がからかって言ったことは「本当は、ほんとうかも」と、どこかで期待するようになった。そして、その日から本当の母が遠くにいて私を迎えに来てくれるというストーリーを妄想しはじめた。この家の子どもでないかもしれないことが、五歳の子どもの明日への希望になったのだ。

そして、母の破滅的な行動はこの事故の後、坂を転がり落ちるようにエスカレートしていく。母が穏やかな日はほとんどなくなり、毎日誰かに怒鳴り散らしていた。私が笑うと「不自由な私を馬鹿にしてる」とわめき散らし、お腹が痛くて寝ていると「元気なくせに甘えてる」と言って切れた。

そんなとき、決まって祖母が私に、「まりちゃんごめんな。あんたのお母ちゃんは体だけでなく心も不自由になってしもた。よう、こらえたってな」と謝るのだ。五歳の私は、母のことは「こらえるしかない」のだと知った。私は明日どうなるかわからない、その中を生き抜いてきた。日本は平和だというが、我が家において、それはあてはまらなかった。

ここまで話すと、気持ちはすっかり落ち込んでしまった。もう忘れてしまいたい記憶なのだ。とりあえず、あの中で三十七のこの年まで生きてこれたということは、あの家族を乗り越えてきたということなんだと思ってきたのだから。あの中を何とか道を踏み外さず大学を出て上場企業に勤め、お見合いで主人と結婚し、平和な家庭に納まった。これは、私にとって人生の勝利と言ってよかった。「昔のことはもういいんです」、そう言いたい気分だった。

結城さんは「ふんふん」とか「へぇー、三つ巴でぐちゃぐちゃだったんだ」とか、時折あいづちを打つ以外は、ただ、しずしずと聞いてくれているだけで、私は、耐えきれず「こんなこと、話して何かいいことがあるんですか？」と聞いてしまった。

「ええ、ありますよ。かわいそうな子どものあなたが出てきたじゃないですか。子どもは大人に保護されて安心して生きる権利があるんですよ。あなた、それを全くもらえなかったんだから。両親が争う家は、子どもにとっては生きるのが怖い家なんですよ。いつ何が起こるかわからないんだからね。その上、母親があなたの面倒一切見なかったんでしょう…。

さっき言ってたお子さんに対して感情がコントロールできなくなるのはね、あなたの中の子どものまり子が苦しんでるからなんですよ。満たされていない五歳のまり子が、自分が満たされなかったのと似たような場面になると苦しくなって怒り出すんですよ。だから、大人のあなたがいくら頭でわかっていても、感情が抑えられないんです。そのまり子を安心させてあげましょう。子どものまりちゃんが満たされれば、自然と感情はおさまります。自分で自分を育て直しするんです。大丈夫、できますから。これから僕が言うこと、目を閉じて、あなたの中の五歳のまりちゃんに聞いてもらってください。」

「まりちゃん、辛かったね。本当に辛かったね。えらかったよ。もう終わったからね。今ここに大人のまり子がいるよ。だからもう大丈夫だから。安心してね。さあ、五歳の自分をイメージしてその子が安心するように抱きしめてあげてみてください。

さあ、まりちゃん、今大人のまり子お姉さんにどうしてもらえば安心かな?」

「大丈夫って言ってほしい。」

「そう、じゃあ、大人のまり子さんまりちゃんが安心するまで大丈夫と言ってあげてくださいね。」

そう言われて、心臓がドキドキして、ものすごく泣きたいような気持ちになった。イメージした五歳の自分は、泣きそうな顔でおどおどと立っていた。だけど、胸の中が苦しくなるばかりで、泣きたいのに涙が出ない。詰まってる感じだけする。だけど、「大丈夫だよ」と何度も言ってるうちに、胸がとてもジーンとしてきた。私はその子をイメージの中で、ぎゅっと抱きしめた。少し変な感じがした。そして少しずつだが、その子も自分も安心していった。そうしながら、黙って、ずっと結城さんのことばだけ聞いていた。

その日はとても疲れて、家に帰るとすぐに横にならずにはいられないくらいだるい。主人に食事と子どものことは任せて、その夜は朝まで眠ってしまった。

本当に、これまでずっと主人には支えてもらっている。私より二歳年上なだけなのに、十歳年上に見られるくらい穏やかで落ち着いた人だ。いわゆる三高ではないし、大家族で長男ということで母はものすごい勢いで結婚に反対し、ハンストして入院までした。私もさすがに自信がなくなり結婚を迷いはじめたりもしたが、主人は全く変わらなかった。平時も危機のときも同じ態度、同じ口調、同じ考えだった。

「結婚して一緒に暮らしてるところだけイメージしてたらいいから。」

それだけを私に言って、この人が結婚式の日取りから住む場所までさっさと決めてしまい、それに乗っかる形で、私はあっという間に半年後に結婚した。これが正解だった。あらゆることにおいて夫婦が一番大切という主人の考えは一貫していて、彼の大家族の圧力も、一切私にかけなかった。主人は盆も正月も、私を自分の実家に帰さなかったし、それを親族一同に納得させていた。

「奥さんが幸せなら、みんな幸せ」という信念は、結婚して十四年経った今も全く変わらない。神様からのご褒美か、前世の行いが良かったのか、死んだ祖母の引き会わせか、この主人と結婚できたのが不思議で仕方ない。

主人は私がいいと思うまでカウンセリングの費用、その間の育児を快く引き受けてくれた。この主人のためにも、穏やかな自分に生まれ変わって家族みんなで幸せになりたい。そう願いながら、私は、深ーい眠りに吸い込まれていくのだった。

4　マユミちゃんとブラウスのボタン

次の日、マユミちゃんに電話でカウンセリングの報告をした。マユミちゃんは、カウンセリングの流れを知っていたから、私の子ども時代の話になったと聞いても驚かなかった。

「そうでしょ、そうなるでしょ。私もやったよ。自分の中の子どもの部分が安心しないと、感情が脳をハイジャックして抑えられなくなるって話は聞いた？　結城さん、いいでしょ？　仙人みたいで。」

と楽しそうに、私が子どものときの話を結城さんにしたことが、まるで自分の嬉しいことのように言ってくれる。

「ところで、マユミちゃんはなんで結城さんのところに行ったの？」

そんなことを聞いていいかわからなかったけど、あえて聞けなかったことを思い切って聞いてみた。

「私ね、自分に自信がないの。いつも、居場所がない感じがしてね。だから、自分を変えたくて、二十歳くらいから、いろいろやってみてるの。まだまだだけど、随分楽になってきたよ。」

そう言ってマユミちゃんは、自分の話をしてくれた。

マユミちゃんの両親も、マユミちゃんが高校生のとき離婚している。異常なくらい倹約家のお父さんがマユミちゃんが看護短大に行くのに反対し、生活費を入れなくなったのが最終的な原因らしい。マユミちゃんのお父さんは、それまでも、かなりの大会社に勤め、都内に不動産をいくつも買えるくらいの収入がありながら、マユミちゃんや弟妹たちに必要なものまでも「ゴミ」だと言って買わなかったそうだ。マユミちゃんたちきょうだいは、お父さんがゴミ置き場から拾ってきた廃材で作った部屋で、これまたゴミ置き場から拾ってきた勉強机で過ごした。誕生日もクリスマスも、おもちゃは「ゴミ」だと言って買ってもらったことがないという。

「いつも諦めてきたから、自分の欲しいものが何かわからなくなってるんだよね。どうせダメだ、って最初から思うんだよ。自分の欲求がわからないんだよ。ただ自分の欲しいものはゴミだってことだけ。主人にも、自分がどうしてほしいのか、どうしたいのか言えないんだよ。私が我慢してればいいんだって思うだけでね。」

今までに見たことのないマユミちゃんの寂しい顔だった。それだけじゃない。三人きょうだいの長女だったマユミちゃんは、「自分のことは自分でしなさい」とお母さんに小さいときから言われていた。物心つく頃から、どこに行くにも、いつも妹のオムツを背負わされ、必死になってお母さんの後を付いて行ったらしい。

「一回も、振り返ってくれなかったんだよ。信じられる？　三つや四つの子どもをさ。本気で、見失ったら捨てられるって思ったよ。今でも忘れられないのはね、幼稚園のときにね、他のことはなんでもやったんだよ、だけど、どうしても、どーしても制服のブラウスの一番上のボタンが留められなかったの。手がしもやけで動かなくてね。だから、初めてお母さんにお願いしたの。『ボタン留めて』って。子どもが初めて自分の親に頼んだんだよ。そしたら『何言ってんの、そんなの自分でやんなさい』って怒鳴って終わりだからね。自分でできないから頼んだんだよ。そのとき思ったの。もうお母さんはいいって。もう、お母さんって思わないって。その後、どこかで迷子になったの。普通は『おかあさーん』でしょ。私ね、『かみさまー』って心の中で叫んでたもんね。それくらい、親のことは諦めてるんだなって改めて思ったわ。」

その話を聞いたとき、私の胸が張り裂けそうになった。胸の涙の池は溢れそうなのに、氷が溶けず溢れ出ない。うまく言えないがそんな感じだった。ブラウスの一番上のボタンをしもやけの手で留めようとする、マユミちゃんが目に浮かんだ。

前の私だったら、「ボタンのことぐらいで親を恨むなんて」と思っただろう。だけど、結城さんに自分の小さい頃の話をしてから、あんなにおばあちゃんに可愛がられて、私は何が息苦しかったのかを考えるようになっていた。母に暴言をはかれていたことが、あんなに心細かったとは、結城さんに会うまで気づいていなかった。

本人が「些細なことだ」と思っている出来事が、感情に大きな悲しみとなって残っている。いや、私は本当はものすごく悲しいのに、「些細なこと」と流して悲しみから逃れてきたんじゃないだろうか。悲しみをちゃんと感じないで来てしまったから、今私は苦しんでいるんじゃないのだろうか。

私は、マユミちゃんの悲しみを、今、「そんなことくらいで」と一瞬思った。こんなふうに自分の悲しみを「些細なこと」と思うようにしてきたんじゃないだろうか。一連の話の中で、私はマユミちゃんの悲しみを、とっさの判断を超えて感じてしまった。裏切られて、見捨てられたような悲しみが迫ってくる。自分が生きるに必要なものを「ゴミ」だと言われ与えられず、物心ついた頃から親に世話をかけないように頑張ってきて、一つの小さなボタンを留めてもらえなかった悲しみは、親に見捨てられた悲しみのように感じられた。

今まで、私は心の中の箱に、思っても仕方ないこと、我慢しないと仕方ないこと、流せない涙等一つひとつに「些細なこと」とラベルを貼って、そこにしまって生きてきたのかもしれない。それが、今、マユミちゃんの小さなボタンで蓋が開いてしまった。「痛いものは、痛いでいいんだ」と、パーンと何かがはじけた気がした。

でも、どうしてそんなことをしてきたのだろう？　私は子どもの頃、怪我をして「痛い」と言うと母に

「そんなの私の事故に比べたら痛くない」と言われていたし、特に母に叩かれたら泣いてしまう私に「痛くもないのに大げさに泣いて」とも言われた。私はその痛さを「この感覚は痛くないんだ、これくらいを人は痛いとは言わないんだ」と思い直してきてしまった。だから、辛いと思っても、「そんなことくらい」と思う癖がついていたんだ。

それに母は私の顔を見ると「甘やかされて、ええなあ、お前は」とか、「贅沢むすめ」と言っていたから、母親に殴られても、親が不仲で息苦しくても、祖母に甘やかされた私だけが「しんどい、辛い」と感じるのだと思っていた。そんなことを思う私が弱いんだ、心が弱いからそう思うんだと、自分を戒めていた。子どもの頃のことを早く忘れてしまおうとしたのも、本当は辛い、苦しいと感じていたのに、自分は甘やかされたからそんな「筈」がない、そんなふうに感じる自分が「わがままなんだ、こんなことは大したことはないんだ」と思わなくてはならなかったからじゃないだろうか。

私は子どものとき、しんどかった。生き辛かった。そしてマユミちゃんも辛かった。自分の感情は自分のものなんだ。私が悲しければそれは「悲しみ」なんだ。世界を見渡せば、すさまじい貧困や差別は確かにある、だけど、だからと言って、私やマユミちゃんの悲しみは、決して嘘や幻にはならないんだ。

自分の感情は、他人に「それは悲しむ価値がありますよ」とか、「そんなこと悲しむほどではありませんん」とか判断されるものじゃなかったんだ。私の感情は、私の感じる通りでよかったんだ。そんな当たり前のことに、やっと気がついた。それでいいんだ。もう何もごまかさなくていい。忘れなくていい。人それぞれに生きる世界があって、そこから何かを感じて自分の人生をつくっている。何を見て何を感じて、どんなふうに人生をつくりあげていくかは、人それぞれの自由なんだ。マユミちゃんと話してそう思った。

「私ね、自分は何ももらえないって思ってるの。ううん、知ってるの。どうせ、だめだーって最初からね。なんでも……。」

マユミちゃんがそう言うのを聞いて、なんとも言えず悲しかった。あなたはそんな人じゃない。たくさんもらえる人で、それに値する人。だからマユミちゃん、そんなふうに自分のことを言わないであげて。マユミちゃんは実在しない「かみさま」しか頼るところがないと言うけれど、本当に神なんているのだろうか。いい人がこんなに苦しんで、平気で悪いことをする人がのうのうと生きている。神様なんて、人間より役に立たない。涙の代わりに怒りがこみあげて、私はしばらく神様とやらに腹が立って仕方なかった。マユミちゃんは「まりちゃんの感じる通りでいいんだよ」と、何度も言ってくれた。そう言われるたびにほっとしたが、改めて感じとる、箱の中の悲しみや寂しさ、見捨てられ感は、大人になった今も耐えがたく痛く、大きく私に覆いかぶさって、息ができないくらい悲しかった。

でも、両親はよく、「子どものことが一番大切」と口にしていたのも覚えている。あの母も、「子どものために」とよく言っていた。両親なりに、子どもを大切にしようとしていてくれたはずだ。なのにどうして、私は愛されたと感じていないのだろう。自分の感じることに意識を向けると、その問いにぶちあたる。けれど、その問いに、いつまでも答えは出なかった。

5　死にたかった高校生

一月後、二回目のカウンセリングに行った。結城さんの人柄にも安心していたので、一回目より落ち着いてその後のことを話すことができた。

「でもね、私としては子どもの頃より中高生の頃のほうがよっぽどしんどかったと思ってたんです。親の不仲が深刻になって。別居したり、離婚したり。でもその頃は「辛い」って自覚できましたもんね。そうことばにしていい客観的な現実もありましたし。」

「へえー、それから親は別れたんですね。いつですか。」

「高三の二学期です。忘れられません。高三の文化祭をぬけて簡易裁判所に行ってましたから。私の青春は真っ暗でしたよ。」

「へぇ、でも、まりさんは学校ではきっと優秀だったんでしょうね。学校ではどんな子どもだったんですか。」

結城さんは、お茶をすすりながら目を細めてやさしく聞いてくれた。

学生の私と言えば、小・中学校通していつもクラスの中心的な存在で、人を笑わせるのが大好きな典型的な大阪の子どもだった。地元の公立のマンモス校は九年間メンバーが変わらない。慣れ親しんだ十人近い仲間で、面白いことばかり考えていた。

どうやって話に落ちをつけようかとか、先生の日常を替え歌にしたり、お楽しみ会ではドリフのコントをアレンジしたりと、家庭の息苦しさを吹き飛ばさんばかりに、私は毎日エンジン全開だった。とにかく学校は楽しかった。

今のように、いじめやいじわるは確かにあった。けれど、大阪のおせっかいなくらい世話好きな気質のせいか、大事にはいたらなかった。当時のあの地域だけだったかもしれないけれど、いじめられてる子を、おせっかいはほっとけない。

誰かがものすごくきついことを言ったりすると、耳にした誰かが「きっつぅ」とか「えぐいんとちがう?」と、必ず野次を飛ばす。すると言ったほうはもう黙るしかない。それが仲のいい子だろうが、クラスが違おうが、関係ない。必ず誰かが野次を飛ばした。

クラスでどうしようもないいじめっ子なんかがいると、「みんなで話し合おう」と言う子が出てきた。後から考えれば残酷かもしれないけれど、『○○君について』なんて黒板に書いて学級会をするのだ。いじめっ子も「あいつははなたらして汚いから本当のこと言ってるだけ。汚いもん汚いゆうて何が悪い」とストレートに、がんがん意見を言う。

そしたら、そのはなたれっ子は、だいたいおとなしい子で何も言えなかったりするから、そばの人が

「○○、あんなんいうてるで、あんた、これから はなふくな、な、ほら、この子もう、これからはなふくって言うてます」と、言い返す。

「ほんなら、ふいてへんかったら『汚い』ゆうてええんやな?」なんて、いじめっ子が言おうもんなら、

「そしたら、はなが出てたら教えてあげる係つくろう」と言い出す子が出て、なぜか突然『××さん係』ができてしまう。そしたら、その係は係表に書いてええのかとか、書いたら授業参観のときお母さんが見たら、悲しむとかいろんな意見が出て、半分くらいからもう何の話かわからんようになるんだけど、みんな正義感に燃えてしまって止まらない。先生も半分笑いながらテストの採点なんかして、わざと入ってこない。私も参加したり、司会したりしながら、「おもろいな〜」と感心と感動で一杯になっていた。

中学に入ると、もっと陰険ないじめが出てきた。何人かの女子が一人を標的にして無視をしたりすることが、クラスの中で何度かあった。だけど面白いのは、ここで地元の不良グループが登場するのである。不良と言っても髪にパーマをかけたり染めたりして学校に来ているというくらいだったが、彼女たちのやりかたが、なんとも言えず面白かった。

無視をしているほうのグループをトイレに呼び出す。大体まじめな女の子たちだから、ここでまずビビる。なんで無視をしているのかと問いただしたりするけれど、不良グループの目的は、ただビビらせるのを面白がるのが半分以上。だから相手が何を言っても「えーっ、なんて? 聞こえませんけど」などと言ってすごみまくる。相手の子たちの顔色が変わる頃に、最後の決め台詞だ。「お前らのせいで、学校、空気悪なるんよぉ。ほんま、女の腐ったやつ見てると気分悪いわ。」これで大体の無視は終わる。どんなに隠れて「いじめ」をやっていても、必ずばれた。

こういう雰囲気だったから、私も一度無視されたことがあったが、不良グループ登場前に無視をする二人を家庭科室に呼び出し、正面から話をして自分で解決してしまった。

でも、かえってこれがいけなかった。その日、不良グループが家に来た。自分たちに何の相談もなく解決したのが気に入らないから、詫びろと言ってきた。何のこっちゃと思ったが、「ごめんな」と一応謝った。その瞬間、みんな吹き出してしまった。その子たちもきっと、「私ら何ゆうてんのかな？」と思ったに違いない。お腹かかえて笑った後、「自分らほんま、好きやなー」と言ってまた大笑いした。私は彼女たちが大好きだった。

今こういう不良グループが学校にいてくれないかと願ってやまない。タバコを吸う、単車を乗り回して髪は金髪。だけど、面白くって、あったかかった。先生たちも怒りまくってたけれど、なんか楽しそうに見えた。

学校の一番暗い面がこんな感じだから、どれだけ学校が楽しかったか感じてもらえると思う。私は成績も良かった。先生も面白かった。だから、誰も私の家庭での苦しみは知らなかった。

「じゃあ、その苦しみのほうはどんなだったんですか？」と結城さんに聞かれ、私はため息をついた。

この頃の家の状態は、色にたとえると暗黒だ。学校とは裏腹に、家庭はどん底に沈んでいった。母は私が小学三年生のときに事業を起こした。生来大胆だったのが幸いして、一年足らずで仕事は軌道に乗り、父の何倍もの収入があると言っていた。このことが夫婦間の溝をより深めていくことになる。父は当時単身赴任で海外にいたし、祖母は体を壊して入退院を繰り返していた。

母は仕事が忙しいと言って、夜中の二時、三時まで帰ってこない。家事は私と年子の妹がするしかない。

母はお金の入った財布だけ置いていってくれるから、それで買い物をして自分たちで作って食べた。といっても妹は何もわかっておらず、ほとんど私がやっていた。小学五年生くらいの子どものことだから、レトルトを温めるだけがほとんど。たまに帰って夕飯を食べる母に、「味噌汁もつくれんのか」と言われ、次の日初めて味噌汁を作った。褒めてもらえると思っていたら、「煮詰まってる。こんなん食べられへん」と言って全部流しに捨てられた。小学生が親の食事を本を見ながら作ったのにである。

そしていつも言われるのが、

「お前は、冷たい人間で心が無い。優しさがないから上手にでけへん。」

「頭のええ子は、心が貧しい。」

これが、きつかった。これを言われたくなくて、子どもなりに必死に家事をした。だけど褒めてもらったことは一度もない。洗濯物も私が干していたが、「干しかたが雑。心が無い、冷たい人間はきれいに干そうという思いやりが無い」と言われた。

「やさしい子だ」と言ってほしくて、母のものには下着までアイロンをかけた。肉が嫌いな母に褒められたくて、小学生で煮魚や酢の物、おひたしを本を見ながら作った。

中学に入る頃には、わかってきていた。家事を一切しない母をおかしいと感じていた。「それでも親か」と何度もなじったが、「お前たちのために働いてる。家のこと手伝うのが当たり前」と言われると、もう何も言えなかった。

それから、母は自分が高卒であることを異常に気にしていた。父のきょうだいが全員地域の一流校出身で、父と結婚するとき大反対されたとよく愚痴をこぼしていた。「あのきょうだいは人を馬鹿にしてる」「ええ学校出てる人間はえらそう」と、ことあるごとに言っていた。

そのせいで、母は私が勉強ができるのをものすごく嫌っていた。だけど私も母が自分の劣等感で嫌味を言っているのはよくわかっていたから、こればかりは言いなりにはならなかった。ひどいのは、ときどき夜中、自分の「友だち」を連れてきて、いきなり私の部屋に入ってきて、

「ほら、この人が北中で一番の長女よ。こんな時間でもまだ勉強してるんよ。勉強一番でも性格三流。プライドが高くてこまるわ。」

と言って笑いものにした。「友だち」もひどかった。たしなめるどころか、一緒になって
「ほんと、ほんと。昔そういう子いたわ。よかった。うちはあほで。」

大人になると何を言ってもいいんだーと感心した。母のつきあう人たちが母と同じような人間だとわかってはいても、これはきつかった。私はいつも母から「冷たい人間」と言われるのが怖かった。このことば一つで、母は私をいくらでもコントロールできた。ご飯がうまく作れない、洗濯物をたたむのを忘れ

る、洗い物を忘れる、そんなとき、いつもこのことばを聞かされる。

「心が冷たいからできない。」

どんなに嫌味を言われても、私は勉強するのだけは諦めなかった。なんとしても、明るいほうへ、明るいほうへ行きたかった。母の「いい」という方向が明るい道だとは、どうしても思えない。いろんな本を読みあさって明るい方向へはどうしたら行けるのかをいつも探していた。その結果「青い鳥」はこの家から出ない限り、決して見つからないものと悟った。

母のことは必死に耐えた。東京の一流の国立大学に入れば、大阪から脱出できる。その一心で勉強した。なぜ一流国立かというと、昔から母は一流国立だったらどこに行ってもいいと言っていたからだ。それしか、この家から逃れる方法はなかった。

家では家事ばかりやらされるし、嫌味や皮肉で邪魔される。私は自分の勉強を学校の授業中にかけた。授業中にすべての神経を傾けて板書のほとんどを覚え、理解するようにし、家では英語と数学の演習だけできればいいようにしていた。集中力はやればやるほど付いてきたし、なにせ家から出たかった。勉強すれば親が喜んでくれる家の子とはかけてるものの大きさが違った。成績はいつもトップクラスだった。そうでないと不安で仕方ない。当時は強迫神経症的に良い成績をとっていた。家にいても、空いている時間は勉強していないと怖くてしかたがない。トイレ、風呂場、玄関、すべてにノートを持ち歩いた。とにかく勉強していれば、この家から出られる。それだけが希望だった。

結城さんは前と同じように、メモを少しとる以外は「ふん、ふん」とうなずきながら、私の話を真剣に聞いていてくれた。

「よくやりましたね。それで一流大学に入ったんでしょ。大したもんじゃないですか。よくもちましたね。」結城さんはたんたんと感想を言ってくれた。


「本当によくもったと思います。中学のとき二回、高校のとき一回家出してるんです。高校のときは、もう死のうと思って遺書も書いたんですよ。中学の頃は孤独でね。でも両親が家にいないでしょ。だから誰も私が家出したのも気づかなかったんですよ。高校の頃は離婚問題がこじれにこじれ、両親の仲裁役をさせられていたときにね。親族会議や調停で父親の批判をやらされたりしてね。嫌なこともたくさん聞かされるんですよ。父親の愛人の手紙見せられたりしてね。夫婦の夜の話まで出るんですよ。高校生ですよ。きつかったです。誰も私の気持ちをくんでくれる大人はいなかったですね。

父は最後のほうは母を殴って顔が変わるくらいにしててね、だけどそうなるには、母親の十九年の悪行があるんです。でも諸事情があって、裁判では父に不利になってもらうしかなかったんです。」

「だから、お父さんだけが悪いと言わされたんですね。」

ドキッとした。結城さんに一番辛かったところをズバッと言われた。

「そうです。もう、何もかも嫌になって、毎晩神様に死なせてくださいって祈りました。もう十分ですって。これ以上は耐えられません。本当に本当に私は頑張りました。死なせてください、終わらせてくださいって。でも、いつまでも元気でしょ。自動車の前に飛び込もうと思って国道を夜中にずーっと歩きました。結局飛び込めなくて、朝方になって家に帰りましたけど。」

「お母さん気づかれました？」

「遺書は読んでたみたいです。でも『あんた、私を脅かして自分が楽なように逃げたいだけやろ』って。母は親族会議に出るのが私の当然の役目と思ってたから。何の罪悪感もないんですよ。子どもにかわいそうなことさせて申し訳ないとか、そういうの全くありませんでしたから。遺書になんて書いたか忘れましたけど。こりゃあ私が死んだって何も伝わらないなって思ったんです。それに、結局、誰かに私が苦しんでいることを知ってほしくて死にたくなってただけかとわかって。なんだ結局生きたくて死にたかったんだって。矛盾してるみたいですけど。だから自殺は考えるのやめました。おかげで、大学に入って家を出ることに集中できましたね。」

結城さんは、おもむろに私にお菓子を勧めてくれた。

「これね、割においしいですよ。少し休憩しましょう。休憩しないとね。休憩は大事ですよ。」

それだけのことばだったけれど、結城さんの気持ちが伝わってきた。結城さんは私の辛さを感じてくれている。それだけで胸がいっぱいになった。その後、結城さんはずっとお菓子を食べて、何も言わなかった。何か話すと、涙が出そうで私もずっと黙っていた。十七の頃から二十年、私の言い分を聞いて、わかってくれる大人を探していたのかもしれない。

「一言で言うと、お母さんの何が一番許せないですか。」

その質問の答えを自分の中に探そうとすると、あの問いに行き着く。

「あのぉ、親って子どもを本能的に愛するものだと思ってたんですが、私は愛されたと感じてないのはなんでなんでしょう?」

答えになってないけれど、そうとしかことばが出なかった。

結城さんはお茶をごくりと飲み込んだ。

「愛情ってね、いくら思っていても伝わらないものでね。行動でしか伝わらないんですよ。自分を受け入れてくれるやさしいことばだったり、いてほしいときにそばにいてくれるとかね。愛って行動なんですよ。いくら「私は子どもを愛してます」と言ってても、絵に描いた餅じゃお腹が膨らまないのと同じでね。愛は、体と時間を使ってしか伝わらないんですよ。」

「愛は行動でしか伝わらないんですか。母はよく「子どもが命」と言ってましたけど。それは違うってこと……」

私はすっかり考えこんでしまった。「愛は行動でしか伝わらない。」母はよく、「子どもが命、大切」と言っていた。親が働いてくれたお金で学校に行かせてもらい、服を着せてもらった。だけど、私を殴り、「冷たい」と言い、家には寄り付かなかった。私の考えは、それより先には進めず行きどまってしまう。ただ「愛は行動でしか伝わらない」ということだけを深く胸に刻んで、家路についた。

私が家に帰ると、いつもちひろと三歳になる長男の雄介が叫び声をあげて玄関まで飛び出して迎えてくれる。今日、飛びついてくる二人をぎゅうっと抱きしめた。二人の頬が私の頬にぴったりくっつく。「ママ、おかえりー」と、私にしっかりからみつく二人の腕は、怒りのコントロールのカウンセリングに通わなければならないほどに未熟な私をそのままに受け止めてくれている。

私は、抱きしめたつもりが、抱きしめられていたのだった。

6　虐待されてたんだ

カウンセリングも四回が過ぎた頃だったろうか、最初のカウンセリングから一年くらい経っていた。ただ昔話をするだけなのに、私の情緒は随分落ち着いてきていた。話をするのがよかったのか、私を受け入れてくれる人との出会いがよかったのかはわからない。だけど、前より子どもへのイライラは少なくなってきていると思えた。ときどき怒ってしまうことはあるけれど、以前のように心が腐るような葛藤は感じなかった。また、子どもと一緒にいることが楽しいと感じる日も増えていた。カウンセリングってすごい。

結城さんと会うようになって、心理学の本も読むようになった。人間は子どもの頃の怒りが消化できないでいると、それが無意識に自分より弱い者に向かっていくというのだ。結城さんに会って自分の辛かった話をすることで、そのときの悲しみや怒りを外に出せたのかもしれない。

夏の暑い朝だった。下の息子を幼稚園に送った後、掃除機をかけていると、久しぶりにマユミちゃんから電話をもらった。

「まりちゃん、今日ひま？　看護師時代の仲間が集まるの。みんないろいろあって、いろんなことしてる人だから面白いよ〜。参考になる話もあると思うし、すぐにでも家に来れない？」

時計を見ると朝の八時半。すぐ行けば、幼稚園のお迎えのバスまでゆっくりできる。「すぐ行く」と返事をして、マユミちゃんの家に向かった。

九時前にマユミちゃんの家に着くと、玄関に一つ靴がある。もうこんな時間に誰か来ていた。「こんにちは」と声をかけて、階段を上がり二階のリビングに入ると、背の高い女の人が出迎えてくれた。

「まりちゃん、こちら、亜紀ちゃん。前勤めてた病院で一緒だったの。亜紀ちゃん、この方がこないだ話したまりちゃん。」

「初めまして」とお互い挨拶して、簡単に自己紹介をした。亜紀ちゃんは都内に住んでいた。幼稚園の子どもを送ってすぐこっちに来たそうだ。お迎えの時間まで、できるだけ長くここにいるには、確かにそれが一番だ。

亜紀ちゃんも結城さんに一度会っていた。というより、マユミちゃんの仲間うちで一番最初にカウンセリングを始めたのは亜紀ちゃんだった。亜紀ちゃんも背が高く、モデルなみの雰囲気のある黒の似合う女性だった。「人見知りなんで」と言っていたわりに、亜紀ちゃんはカウンセリングに通いはじめたいきさつを、自分からどんどん話してくれた。

亜紀ちゃんは青森出身で、高校を出て関東の看護学校に入るため上京、そしてそのままこちらで結婚した。落ち込むことが多く、そうなると人と会うのも嫌になって、自信もなくなり、死んでしまいたいと思うのが辛くて、人の紹介で結城さんのところに行ったそうだ。そこでいろいろわかって、他にもいろんなセミナーに出たり、カウンセラーに会ってきたらしい。

「小さいときにいろいろあったからさ、仕方ないんだよね。中学のときに親が夜逃げしたりしてね。きょうだい四人の中で親は弟や妹は一緒に連れて出たのに、私だけおじいちゃんの家に置いていかれたんだ。なんで自分だけ置いていかれたのかって、随分悩んだな。後、おじいちゃんの家でも、お金のことでいろいろあったし。私の中にあるものはなかなか深いよ。でもちょっとずつ、薄皮はぐように楽になってはきてるよ。まりちゃんもさ、きっと楽になるよ。」

亜紀ちゃんは、少しだけ自分の小さい頃の話をしてくれた。短い話だったけれど、一つひとつが痛かった。痛みに耐えて話す亜紀ちゃんは、一人置いていかれた中学生の顔をしていた。

四十年近く生きていると、何事もなくきた人はいないのかもしれない。それぞれに、何とか乗り越えて今がある。中学のとき一人置いていかれた亜紀ちゃん。欲しいものを全部ゴミだと親に言われたマユミちゃん。それぞれに結婚し子どももいる。その上、国家資格の看護師で男性並みに仕事もできる。なのに、自分は幸せになる資格がないと言う。今まで、人より辛いことを乗り越えてきたはずなのに。それが生きる自信とつながらない。私たちは生きるのが不安だ。幸せじゃない。マユミちゃんは希望がないという。希望が何なのかすらわからないという。

亜紀ちゃんとも初めて会ったのに、深いところで共感できる安心感があった。悲しい、苦しいと言っても許してもらえる仲間。それは決して愚痴を言い合うという意味ではない。自分の中にある、意識ではコントロールできない感情の塊。その塊が邪魔をして愛していても、愛しているように行動できない。生きたくても、生きることが辛くなる。その塊は私たちから生きる自由を奪ってしまう。どうすれば、自分を自由にできるのだろう。

今のところ、私たちには、この塊が何なのかをよく見て、向き合うしかないように思う。

だけど、それが苦しいのだ、悲しいのだ。自分が大事にされなかったことに気づくのが悲しいのだ。自分がいけなかったんじゃないかと自分を責めて苦しいのだ。自分がダメな人間だから苦しむんだと思えてしまう。人にどんなに励まされ慰められても、これはどうにもならない。誰かに何とかしてもらえることではない。自分で向き合って、とことん感じとった先に何かあるんだろうか。

抱えているものは三人ともに深かったが、少し話すと笑い話に変わり、また深くなったなと思うと誰かが笑いに変える。そんな会話がとても心地よかった。

その日、最終的に集まったのは私を入れて六人だった。私以外は全員、医療関係者だ。一人ひとり個性的で、とても素敵だった。でも共通して、「自分なんか、ダメだー」という思いをもっていると言った。マユミちゃんがお昼を出してくれたりするうちに、お菓子を食べたり、お茶を飲んだり、みんなすっかり打ち解けてきた。私が大阪出身ということが面白かったらしく、私の子どものときの話になった。場も盛り上がってきて和んでいたので、私もすっかり気がゆるんでいた。

「いやーっ、最悪だったよ。小さいときは母によく叩かれてね。大きくなってから妹二人はグレたのに私だけまじめに育ったのは、一番叩いたからって母は自慢してたよ。二つや三つのときなんて、叩かれると泣くじゃない？　そしたら、泣きやめ、泣きやめって余計に叩かれるの。そろばんで叩かれたこともあったよ。でもね私、小さいとき、転んでも泣かない子だったのよ。だからね、不思議だなって思ってね。転んで血が出ても泣くのは我慢できるのに、叩かれたらなんで泣いてしまうのかなって。

だからさ、おかしいんだけど、自分で自分をビンタして泣かない練習してたの。おもいっきり自分をビンタしたら痛いんだけど、泣きたくはならないのよ。母に叩かれると泣いてしまうのはなんでだろうって、不思議よね。毎日自分をビンタして泣かない練習しても、やっぱり母に叩かれると泣いたなー。」

ウケるはずが、場の空気はすっかり凍っていた。

「お母さんにぶたれて涙が出るのは痛いからじゃないんだよね。悲しいからなんだよ。」

亜紀ちゃんがポツリと言った。そのことばと同時に、私の正面に座っていた志村さんが泣いた。「かわいそうに」と志村さんは言った。

「お母さんにぶたれて涙が出るのは、頬が痛いんじゃないんだよね。心が痛いからなんだよ。愛してくれるはずの人に愛されなくて悔しいからなんだよ。だから自分でぶっても涙が出ないのに、お母さんにぶたれると泣いてしまうんだよ。」

「ああ…そっか…。」

そうか、そうだったのか。胸の芯にそのことばが刺さった。私は痛くて泣いたんじゃなかったんだ。悲しかったから泣いた。悔しくて泣いたんだ。長年の謎が解けた。すっきりしたけど、複雑な気分だった。ぶたれることは、子どもにとってかなり辛いことらしい。そんなふうに考えたことがなかった私は、突然のその情報にキョトンとしていた。斜めに前に座っていた森さんが聞いた。

「叩かれるだけだったの。後は大丈夫だったの。おばあちゃんやお父さんはそのときどうしてたの?」

母が私を叩くのは、いつも父や祖母がいないときだった。近所の人がいるところではたびたび叩かれていた。それも顔を横殴りに叩かれた。それを見た人が父に話をしに来たというのは、聞いたことがある。「あんなおとなしい子を、お母さんは平気で叩く」と有名だったらしい。叩かれた以外では、一度だけビスケットを口に詰め込まれたことがある。幼稚園に行く前のことだ。祖母が留守でお昼を食べていなかった私は、たまたま家にいた母に

「お腹がすいた。」

と言った。そうしたら母は激怒して
「食べ物は家にいくらでもあるのに、いつもおばあさんに甘やかされてて用意してもらわないと食べられない。食べたかったら勝手に戸棚開けて食べたらいいやろ！」

と、戸棚を開けて中にあったビスケットを私の口に詰め込んだ。息ができなくて吐き出したいのに、ビスケットはのどをふさいで口から出なかった。息ができなくて死ぬかと思った。それくらいだった。

「下手したら、死んでるよ。」

マユミちゃんが無表情に言った。

「三歳くらいだと死ぬよ。子どもを死なせようとは思ってなかっただろうけど。虐待死させる親のほとんどが、カッとなってやった、殺すつもりはなかった、って言うんだよ。」

現役の医療センター勤務の人に言われると、思い切り現実味がある。

すぐマユミちゃんがてきぱきと聞いてきた。プロの声になっていた。

「まりちゃんさ、結城さんにその話した？　でも、亜紀ちゃん、友里恵さんのとこのほうがいいね。今、やってるかな？　何曜日休み？」

「月、金休み。連絡しとこうか？　ここから行ける？」

「夏に、辻田さんが帰国するから、そこに行くのもいいかもよ。」

と森さんが言う。

何かの話がとんとん拍子に進んでいた。なんなんだ、このプロ集団は。すごい。なんでも出てくる。その上、手際がいい。そして気のせいかもしれないが、なんだか生き生きしてる。私が親に殺されかけた話でプロ集団がなぜか盛り上がっている。集中治療室の患者さんはこんな気分だろうか。このメンバーが担当なら、十中八九助かる気がする。私はみんなの会話を、ただポカーンと聞いているだけだった。「私、なんか助けてもらえそう」そんな期待をもちながら。話が大体まとまったとき、マユミちゃんが天使のような笑みで振り返ってこう言った。

「まりちゃん、友里恵さんてカウンセラーがいるの。虐待とＤＶ専門なの。一度会ってみるといいよ。亜紀ちゃんはその人に随分お世話になってるんだよ。」

「うんうん。ちょっと変わってるけど、また結城さんとは違う話になるよ。一度、会ってみたらいいよ。ガッツリ言われてきてちょうだい。とにかく面白いから。変わってるから。でも元気になるよ〜。」

亜紀ちゃんの言い方が面白かったのと、私を見つめる五人の白衣の天使たちの微笑み。その友里恵さんに会ってみたくなって、私は友里恵さんのお宅に伺うことにした。

帰り道、自転車をこぎながら思った。

「私、虐待されてたんだ。あれは、虐待って言っていいんだ。」

その事実に今さらながら驚いた。でも心はとても軽かった。いろんなことに納得がいったのだ。母を「お母さん」と思えなかった自分。「お母さん大好き」と歌えなかった自分。母が入院しても「ほっ」とした自分。医療者曰く、子どもが「殴られるかも」と抱く恐怖は「殺されるかも」と同じくらい怖いんだそうだ。そんなに怖いと思っていたとは気づいていなかったんだけれど。

実際、ビスケットのときは「死ぬかもしれない」と思ったのを覚えている。「死ぬかもしれない」は「殺されるかもしれない」と同じ意味なのだろうか。ただ、子どもの頃は、そんなこと思ってはいなかった。ただ、いつも気持ちは沈んでいた。子どもなのに絶望感を感じていたと思う。何に絶望していたんだろう。本当は大変なことなのに、「些細なこと」とラベルを貼ることに絶望していたのだろうか。

家までの十分間、自転車をこぎながら、「虐待」の二文字が頭の中をくるくる回った。事実の悲惨さに反して、私はとてもすがすがしかった。今まで自分が薄情だから母に温かい気持ちがもてないんだと、どこかで罪悪感を感じていたんだ。虐待されていたんなら、母を慕えなくて当たり前じゃないか。ましてや、育ててもらってもいないのだから。

「虐待されてたんだー。やったー。私悪くないんだ。」

そんなふうに叫びたかった。

ママチャリを立ちこぎして、嬉しさあふれるままに思い切りスピードを出した。びゅんびゅん流れる風景が、朝とは違って見えた。思い切り深呼吸すると、体中がゆるんでいった。

7　いいお母さんになりたくて

ここで、私自身の家族の話をしたいと思う。二つ年上の主人とは二十六歳のときに大阪で結婚し、それから半年で主人が異動となり、関東に移ってきた。そのとき私のお腹にいたのが、長女のちひろだ。二年後に長男の雄介が生まれ、四人家族で平穏無事に暮らしていた。

そんな私の悩みはいつも長女のちひろのことだった。ちひろが悪い子だということではない。私がちひろをうまく育てられないのだ。ちひろは、私とは正反対の性格で、どちらかといえば引っ込み思案で、自分から人の中に入っていくタイプではない。自分の言いたいことも言えない。友だちとは合わないから、いつも本ばかり読んでいた。これが、受け入れられなかった。

そんなちひろを見て、私はいつも落ち込んだ。見ていてイライラするのだ。どうして、楽しそうに過ごせないのか。いつも、ちひろはつまらなさそうに見えた。しかたがないから本を読んでるように見えた。ちひろは今日一日にあったことを話しているつもりだろうが、私には、いつもちひろが今日あったことの不満を言っているように聞こえた。

子どもの気持ちがわからなかった。かといって、ちひろの望んでいることを喜んでしてやることもできなかった。私のしてやりたいこととちひろの望んでいることが、いつも食い違うのだ。


「あの子に、どうしてやればいいのかわからんわ。」


主人によくそうこぼしていた。何かを買ってもらっても、さほど嬉しそうでもない。もちろん「あれ買って、これ買って」も言わない。一緒にお料理したり、家の中でスーパーボールすくいをしたり、一緒に楽しめることは試してみた。でも、どれも大して変わりなく、ちひろは楽しそうではなかった。私はちひろを喜ばせてやりたいと、必要以上にこだわっていた。小さい頃からきちんと育ててやれてない負い目を感じていたからだ。

ちひろが一歳から三歳手前頃、私は一人での出産と子育てがたたったのか、二人目を産んだ後、二年近く体の調子をがたっと崩した。毎月のように高熱が出て、入院も勧められたが頼る人もなかったので、家政婦さんを頼んで自宅で乗り切ったこともあった。子どもを施設に預けての入院はどうしてもできなかった。

母親がそばにいて、一番情緒豊かにしてやらなければいけない時期だったろう。それなのに私は、ちひろに「あっちに行っててちょうだい」「お願いだから、一人で遊んでてちょうだい」といつも言っていた。温かくちひろと遊んでやることができなかった。ちひろのご飯の用意をすることも、身の回りのことも、私には「負担」にしか思えなかった。病気だったとはいえ、ちひろを実際邪険にしていた。繊細なちひろはそれを感じていただろう。狭い部屋の中で唯一の母親がこんなで、どんなに心細かっただろう。それを思うとたまらない。

下の子が当時のちひろの年になる頃には、健康も回復していたので、一緒に遊ぶことができた。下の子が外で私と楽しそうにしてるのを見ても、ちひろに申し訳ない気持ちになった。どうすればあの時あげられなかったものを、あげられるだろうか。そのことばかり考えてしまう。その罪悪感から、ちひろのことは全部自分のせいのように思えた。友だちとうまくいかないのも、幼稚園が楽しくないのも、小学校の初めてのクラスが崩壊したのも、全部私のせいに思えてしかたがなかった。

自分を責めるから余計にちひろといるのが辛くなり、イライラするという悪循環だった。

主人は私とは正反対のイージーな人で、「気にするな、生きてるだけで丸儲け。親がなくとも子は育つ」と言いながら、随分と助けてくれた。初めての関東での仕事で大変だったはずなのに。

子どもがおならをしては大笑い、子どもが食べながら寝てる姿をビデオに撮って何回も見ては大爆笑していた。

「なんで、あなたはそんなに気楽なの？」と聞くと

「まり子は、いつも何かと戦ってるな〜。靴もかかとじゃなくて前のほうが減ってるもんな〜。普通はみんなかかとがへんねんで。やっぱ、まりは前傾姿勢で歩いてんねんで。いつでも戦える姿勢や。ごくろうさん。」

とからかって笑っている。でも、毎日のように

「まり子は、考えすぎるねん。子どものことは子どものことや。気楽にやってや。」

と言って、いつも慰め、励ましてくれた。私が落ち込むと確実に家庭は暗くなる。主人は主人で私に、どうしてやればいいのかと悩んでいた。

休みはいつも主人に子どもを見てもらい、ただただ眠るだけ。最近日曜日に公園で小さい子どもを遊ばせている家族連れを見ると、「どうして、こんなふうに楽しい時期を過ごせなかったかな」と自己嫌悪に陥る。

愛をもらっていない人は、人に愛をあげられないと聞いたことがある。私のような家庭に育ったら、ど

んなに頑張っても子どもに愛をあげられないのではと落ち込むこともある。でも、諦めてしまったらおしまいじゃない。何とかなるはず。落ち込むたびに、そう自分に言い聞かせていた。

子どもを持ったとき、私は絶対自分がされたようには子どもにするまいと心に誓い、胸に見えない石碑をたてていた。そこには「必ず、自分の子どもを幸せにする」と刻んである。それなのに、自分をコントロールできないことに悩み続けてきた。

だが、カウンセリングが進むにつれ、自分が子どもを受け入れてやるためには、まず自分自身を受け入れて救ってやらないといけないらしいことに気づいていった。

私が幼いときに感じた悲しみを、今の私が感じてあげて、人に話して受け入れられることが、自分自身を受け入れることになるのだ。それは自分自身を大切にする作業だった。子どもを大切にすることと自分を大切にすることは、どうやら同じことだったみたいだ。

マユミちゃんと亜紀ちゃんという支えがあったのも大きかった。彼女たちは本当に不思議でありがたい存在だ。絶妙なタイミングで私の前に現れてくれた。彼女たちのおかげで、私の人生の流れが全く変わったと言っていい。そして、ずっと同じ温かさで支え続けていてくれる。カウンセリングに行ってはこの二人に報告して、笑ったり怒ったりして前に進む準備が整えられていくようだった。

「子どもを幸せにできる親になりたい。温かい家庭にしたい。」

その一心で、私は自分と向き合う作業にとりかかったのだけれど、それは、私の思いに反して「自分を救う」ための道のりになっていった。私の、くそまじめで固い決心とは裏腹に、その道は行けば行くほど気持ちが楽になっていく。楽しいことが増えていって素敵な人と次々会うことができた。そして、私の中から「ねばならない」「こうあるべき」ことがどんどん消えていくのだった。

8　友里恵さん

それから一ヵ月くらいして、私は都内にある友里恵さんのお宅を訪ねた。駅から程近いマンションの一階に、友里恵さんは一人で暮らしている。事務所兼自宅の小さな2Kの部屋だった。

亜紀ちゃんの話では、友里恵さんのところには女性ならではの問題を抱えたクライアントが多く、中でもDV問題、親子問題には定評があって、独特の勢いはあるけれど、治療は確実らしかった。

友里恵さんはよく通る声で私を迎えてくれた。小さなテーブルに座ると

「さあっ、聞かせて」と、しっかりと私を見つめた。

私は、長くなりすぎないように気をつけながら、子育てに悩んでカウンセリングを始めたこと、少しイライラは軽減したが、それでも神経質で子どもを縛っていると感じていること、自分の子どもの頃の話、「お前は冷たい」とよく言われたこと、最近どうやら自分がされていたことは虐待だったと気づいたこと

などをかいつまんで話した。

「どういうとき、子どもを縛ってると思いますか？」

テンポのいい話し方でそう聞かれた。私は、小学二年生になる長女が悪い点をとるとすごく不安になって、いけないとわかっていながら叱ってしまうことや、友だちづきあいが下手な長女がおどおどしているのを見ると腹が立つことなどを話した。明らかにしつけと関係ないところで娘を叱る自分が嫌だった。人格否定以外の何物でもないことばを娘にぶつけていると感じている、と話した。

「ふ〜ん、でも、えらいよ、あなた。そうやって気づいて、こうしてお金払って何とかしようとしてるんだから。まず、それを自分で褒めてくださいね。こっちが、いくら言っても聞かない親たくさんいるよー。怒鳴りつけてやりたいけどね、まっ、できないけどさ。はっは。で、お母さんとは、今はどうなの。」

友里恵さんは、テンポよく次々と質問してきた。

母とは、父との離婚後「うまく」やるように努力していた。それまで何度か母に意見したり、母を改めさせようとしたこともあった。だけど、どんなに言ってみても、「学費誰が出してるの！」と言われるともう何も言えない。母がパチンコに毎晩深夜まで通おうが、家のことをほったらかそうが、私は母は変わらないと諦めた。母の言いなりになっていれば波風は立たなかったし、私のいいようにさせてくれた。大学も約束どおり東京に出してくれた。このことには本当に感謝している。

今は大阪から離れたこともあり、そんなにもめることもなくやっていた。ただ、電話がかかってきては愚痴や相談の相手になることはよくあった。電話は夜の一時だったり朝の六時だったりしたが、母の自分中心のやりかたに合わせるしかないと諦めていたから、そんなに苦にはならなかった。ただ、米や野菜をよく送ってくれたのはありがたかったが、気が重かった。こんなことを思うと罰が当たるのかもしれないけれど。母からの金銭的な援助が負担だった。

「こんなの、めったに食べられないだろうから」と言っては、お肉や高級なお菓子を送ってくる。一番こまるのはこの後だ。突然無理なことを言ってきて、

「いつも助けたってるんだから、これくらいしなさい。ほんまにお前は冷たい。」

と言われる。たとえば、うちに来たとき、娘のために作ったバッグを可愛いから欲しいという。作って送るつもりでいたら、先に娘のをよこせというのだ。娘は当然嫌がる。自分のためにママが作ってくれたものを渡せなくて当たり前だ。そこで母は信じられないことを言った。

「ちひろは、けちやな。もう、お前に何も買ってあげへんからな。」

幼稚園の子どもに大人が言うことかと、そのとき私もかなり怒ったが、母はいつも援助してやってるのだから、私たちが母の頼みを聞くのが当然と思っていた。母にとって子どもへの援助は、子どもを自分の思うようにコントロールするためのものだった。

だから、何も貰いたくなかった。でも断ると機嫌を損ねてそれ以上に厄介だ。貰うと「ありがとう。いつも助かります」と言わないといけない。遠くに離れて毎日のことではないし、実際、助かっていた。少しくらいの母の言うことは我慢して喜んでおこうと割り切っていた。私も母に甘えていた。

こんな私の話を、友里恵さんはものすごいスピードでノートに書きとめた。話し終わってもまだ書いている。書き終わるとがばっと頭を上げて最初の子どもの頃の話までページを戻した。

「えーっと『お前は冷たい』って言われてたんだな。どんなときにそれを言われました？」と大きな声で言った。

友里恵さんのことばがいきなり男言葉に変わってびっくりした。気迫が違った。亜紀ちゃんの「ガッツリ言われてきて」の意味がわかりかけた。

「はぁ、はい。そんな……大事なことなんですか？　母の望むようにご飯が作れなかったり、洗濯のやりかたが雑だったりしたときですが。」

その話は今回少ししかしていないのにと、不思議に思った。

「めちゃくちゃ大事だね。ご飯が作れないと冷たい、洗濯物が干せないと冷たい、って言われたんだね?」

「ええ、はい。」

「あなた、本当に自分が冷たかったからできなかったと思いますか?」

「はい、嫌々やってましたから、確かに心はこもってなかったです。」

友里恵さんは呆れた様子で、急に椅子の背に大きくもたれかかった。

「冷たいのはお母さんだよ。冷たい人間はお母さんのほうだよ。違うかい?」

よく通る声で言った友里恵さんのことばは、稲妻のように私を貫いた。

「えっ、そうなんですか?」おそる、おそる聞いてみた。

「そうなんですか?って、そうだろ? あんた、冷静によく考えてごらんよ。ご飯を上手に作れない子どもと、子どもにご飯を作らせる親。どっちが冷たい？　あなた、いい頭しっかり使いなさい。」

「私が冷たいんじゃないんですか？　ずっと、母の世話をするのが辛いのは、私が母を思いやれない冷たい人間だからだと思ってました。」

私は心臓がばくばくして、ことばまで震えた。

「大人の仕事を子どもができなくて当たり前だよ。あなたが家事をうまくできなかったのは、小学生だったからなんだよ。冷たかったからじゃないんだよ。お母さんは自分の問題をあなたに転嫁したんだよ。よく考えてごらん、家事ができなかったのはお母さんでしょ。」

しばらく沈黙が続く。血液が突然全身に流れた。どうやら、体の中に血液がいきわたらない場所が今まであったようだ。しばらくことばが出なかった。

「そうなんですか？　でも、親を助けるのは子どもの務めじゃないんですか？　それって、自分のことを、人のせいにしてることにならないんですか？」

私は友里恵さんの言ってることが、なかなか納得できなかった。

「あなたのように安心できない家で育った人たちは、皆同じこと聞きますよ。ハッキリ言うよ。小さい子どもが親の世話をするのは異常なことなんだよ。アメリカじゃ、「親の親の役割」を子どもにやらせることは情緒的虐待って言うんだよ。

人のせいって言うけどね、人の責任をあなたが背負わなきゃいけないの？　子どもを保護して安心して生きられるようにするのは親の責任なんだよ。親が親の役割を放棄したのはあなたの責任なの？　自分が責任とるところと、他人がとらないといけないところごっちゃになってない？　子どものときにあなたが辛かったのは親の責任なの！

守ってもらわないと生きられないのが子どもなんだよ。あなたはそのときに、親を守る役割をさせられたから辛かったんだよ。あなたが辛かったのはあなたのせいじゃないんだよ。あなたは今日から無罪放免。小さかった子ども時代のあなたに何の責任もないんだよ。」

友里恵さんは私に訴えるように言い放った。

「親の世話が辛かったのは私が悪いんじゃないんですね。ずっと、そうだと思ってました。」

ことばと一緒に、涙が切れた動脈の血液のように吹き出した。

「小さな子どもが親の世話が辛くて当たり前だよ。本来自分がもらえるはずの安心を奪われて辛くないわけないでしょ。それとね、親って、自分の劣等感や恐怖感を子どもを通して感じるんですよ。だからあなたを「冷たい」って言ったんだよ。自分の問題を口にしたんだよ。

あなたも子どものことで腹が立ったりイライラしたりしたら、自分の中に同じような問題がないか考えたらいいよ。

たとえば子どもがテストで間違えて腹が立つのは、あなた自身が子どものときにテストを間違うのはいけないことだ、と恐怖心をもってた可能性があるんですよ。悪い点だと先々不安になるんでしょ。自分がそうだったから。あなたが不安になるのはあなたの中にある、あなたの不安を感じてるからで、子どものことを考えた結果でもなんでもないんだよ。」

友里恵さんは一気に話した後、しばらく沈黙した。そして、自身を落ち着かせるためか、ずずっとお茶を飲んだ。

「そうなんや。今まで、どうして気がつかなかったんだろう。よく今まで騙されてきたものですね。ずっと自分が悪いと思ってたのに。」

友里恵さんの勢いに乗せられたのか、私もつい大声で叫んでしまった。そうだ、小学生がご飯を上手につくれなくて当たり前じゃないか。なんで今までそんなことに気づかなかったんだろう。

大笑いした。笑えて、笑えて止まらなかった。私はいったい四十年近く、何を怖がってたんだろう。自分が冷たい人間なんじゃないかとずっと怖かった。

「あんな母に四十年近くも自分が冷たいと思い込まされてたなんて。あほやぁ。私あほですね。」

しばらく笑ったら、今度はまた泣けてきた。

「私、冷たい人間じゃないんですね。子どもだからできなかったんですね……全部、重たかったなぁ。」

また、ぼろぼろと涙が止まらない。しばらく、嗚咽が止まらなかった。どこから湧き出る涙なのか。泣いても泣いても、体中の細胞から熱い感情の蒸留水が、意思ではコントロールできない速さで流れ出た。最後にこんなに泣いたのはいつだったろう。友里恵さんは、お茶を飲んだり、メモをとったりして、黙って私のするがままにさせてくれた。にたにた笑いながら。しばらくして、口を開いたかと思うと
「あなたが子どものときのことは親の責任です。あなたのこれからの責任は、今の自分の問題を解決すること。あなたの子どもへの責任を果たすためにね。

でもね、ここしばらくはそんなことも忘れなさい。いいからよく休めばいいですよ。よく今まで生きてきたね。横道にもそれず、逃げもせず。もういいんだよ。いいからしばらく休みなさい。

人間、自分がもらえなかったものを人にあげることは簡単にできることじゃないんだよ。それをするのは至難の業だよ。それなのに本を読んで、勉強して、自分の親みたいにならないよう一生懸命に自分の子どもにしてるんでしょ？　作ってもらったことのないご飯作ってるんでしょ？　あなたがそれを苦しく感じて当たり前なんだよ。あなたが冷たいからじゃないんだよ。本当に良くやった。本当にえらかった。」

私はそのとき、初めて自分が本当に努力してきたところを人に褒められた。親らしくできなくて苦しくて、苦しくて、できない自分をずっと責めてきた。子どもをうまく育てることができないのは、私が「冷たい人間」だからだと思ってたんだ。だから、辛かったんだ。

私は叫びたかった。「許されて生きていいんだ」「私は生きていていいんだ」次々にことばにならない思いが湧き上がっては、涙になって流れていった。涙が滝のようにあふれて止まらない。私は泣いて泣いて泣きまくった。あまりに泣いて、時間がかなり超過した。友里恵さんのところは一定料金だ。超過すると甘えることになるのだが、わかっていても止まらない。

「すみません、すみません」迷惑をかけていることを友里恵さんに謝りたくて、ことばにするのだが、声を出すとまた泣いてしまう。謝っては泣き、泣いては詫び、飲んでもないのに、これではまるで泣き上戸の酔っ払いである。次のクライアントさんには本当に迷惑なことであった。

やっとのことで挨拶をして壁一枚で仕切られている友里恵さんの部屋を出ると、次の人が待っていた。その人は、泣いていた。話も聞こえていたのだろうか。次の人は私のあまりの泣き方にもらい泣きしていた。

帰って亜紀ちゃんに電話で報告すると、

「出たっ、友里恵ワールド炸裂だよ。しかし、今回もまたよくそこまではっきり言ってくれたよね。普通はあそこまで言わないんだよ。あの人、そういうの関係ないからね。笑えるよね。

でも、なんか、ほっとしない？　まりちゃん、泣けてよかったよ。私も以前、友里恵さんにはっきり言ってもらって助かったんだ。カウンセラーって、はっきり言ってくれる人少ないんだよ。答えはクライアントが自分で見つけるっていう、理想みたいなのがあるんだよね。普通はね。

だけど、私のときも『亜紀ちゃん、あなたが親に置いてかれたのはあなたのせいじゃない。親が未熟だったんだよ』ってはっきり言ってくれたんだ。目をむくくらい驚いたけど、自分に何か欠点があったから置いていかれたって思ってたから落ち込むんだ、死にたくなるんだって納得したら楽になったもん。」

と、爆笑しながら話してくれた。私も実際びっくりはした。でも、友里恵さんがカウンセラーのタブーを無視して、私に真剣に向かってくれたことがありがたかった。そして、私も亜紀ちゃんも、彼女のことばに救われた。今まで、自分が背負うものと思っていた大きな荷物をおろせたのだ。

それから、これまで、母とのことを思い出すと胃の上に石のような塊が何かをせき止めているようで苦しかった。でも、このときを機にそれがなくなった。これ以降、母のこと、小さいときの悲しいことを話しても、その塊を感じることはなくなった。あれは、泣きたくても泣けなかった涙の塊だったのだろう。それから亜紀ちゃんとしばらく、友里恵ワールドの話で盛り上がった。

9 父のこと

母のことばかり書いてきたが、もちろん私には父がいる。父は六人きょうだいの末っ子で、父の父、つまり私の祖父は海軍士官学校を出て戦艦大和に乗船していて戦死した。父が物心つく頃には母一人と子どもが六人の超貧乏家庭だったそうだ。赤貧の上勉強が苦手だった父は、高校には行かず、デザインの学校を出てサラリーマンになった。

父は自身が早くに父親を失い、家庭の温かさに飢えていたから、「自分の子どもには」という思いも強かったようだ。私とすぐ下の妹は、小さいときは父によく遊んでもらった。

絵本を読んでもらっていると、笑わせようと急に登場人物を変えたり、話の落ちを変えてしまったりする。父の話は本当の話より数段面白く、妹と毎回げらげら笑っていた。また、手先もとても器用で、絵も上手だった。竹とんぼや竹馬、缶ぽっくりという缶に紐を通して足につけて歩くだけのおもちゃなんかをよく作ってくれたし、キャッチボールをしたり山に連れて行ってもらったり、小さい頃の父との思い出は、数少ない子どもらしいものだと思う。

でも、決して心から楽しいとは思えなかった。いつも、いつ喧嘩や悪口が始まるかわからない。私に対してはやさしい祖母も父もお互いに憎みあっていて、どんなに遠くの山に登ろうが、その空気からは逃げることはできなかった。

その頃、父は母の言いなりで、家事をしない母に意見もしなかった。たまに意見すると大喧嘩にしかならないし、その後、母が子どもの私たちに当り散らして大変なことになるからだ。父が我慢していることは、子どもの目にも明らかだった。私が小学校に上がる頃から、父は、だんだんその我慢ができなくなっていく。事故の後、母のやりようは年を追うごとに本当にひどいものになっていったのだからしかたがないのだけれど。

幸いと言っていいのか、私が小学二年生のとき父は海外に単身赴任になり、中学生になるまでの期間、ほとんど家に帰ってこなくなった。そして、たまの帰国のたびに、夫婦間はますます悪化していった。

父にはいつの頃からか、赴任先に女性がいた。それを私が知ったのは、その人から時折降って湧いたように父宛ての手紙が、父のいない我が家に送られてきたからだ。「まさか」と思ったが、母が狂ったように泣いていて確信した。テレビでよくある大人の醜いやりかたを感じ、言い様のない嫌悪感が父を私から遠ざけた。あの母だから仕方ない、だけど、母との間を解決しないまま父は逃げた。私たちにあの母をそのまま残して。「もう、昔の父ではない」と、私は父への思いを封印してしまった。

父が単身赴任から帰ってからは、急速に家庭は崩壊していった。落ちても落ちても、まだ先があった。泥水の中で溺れて、苦しくて、もう少し、もう少し、と我慢するけれど、足はなかなか底につかない。いっそ天に召されてしまったほうが楽になれるだろうに。それも叶わず、私は口の中に次々入ってくる泥水を飲み込み続けた。脳神経を麻痺させながら。

その頃の父は、全く母に我慢をしなかった。大声で母に怒鳴り散らし、殴るという毎日。母はそれが嫌で、ますます家に帰ってこない。金銭問題、女性問題、暴力、刃傷沙汰。あの家に、あと足りないものは殺人くらいだった。私は、父は本当に母を殺すのではないかと怯えた。たまに、父と母二人が揃って家にいるときは眠れなかった。殺人者の子どもになってしまう。もう人生が終わってしまう。怖くて怖くて、耳を家全体にすーっとすませ、ほんの小さな物音が聞こえるだけで頭が真っ白になってボーっとした。私は夜の音に怯え続けていた。

決して父だけが悪いのではない。表面に出てきたのは父の暴力だったが、それを受けるにふさわしい母の行いだった。そして、ついに父は家を出た。

ある朝、母が嬉しそうに「まり子、おっさん、家出たで」と、私に見せた置き手紙には、「このままは殺人を犯す。子どものために家を出る」と書いてあった。私はいつも恐れていたものを文字で見た。

「やっぱり、お父ちゃん、考えてたんや。」

自分の父親が母親に殺意を抱いていることへの、身の毛のよだつような悲しみと恐怖。それを子どもの気持ちに一片の思いも至らせることなく嬉々として見せる、母親への軽蔑。首筋から背骨に冷たいものが初めて走った。ここはきっと、涙の通り道かもしれない。

その日から、私は小説を書いた。両親を亡くした少女が一人で生きる話。そうやって私は、心の中で両親を葬った。私には親はない。目の前にいるのは、学費と食費を出してくれる人。その分この家で働かなくては。そうすれば、ここを離れて遠くに行かせてもらえるのだから。毎晩、ノートに「お母さんが死にました。お父さんが死にました」と、何度も書いて、心の中で親を死なせた。

それからは、親のことは結構割り切れるようになった。母には意見もしたが、諦めることもできた。「この人は、親じゃない」と思えば、たいていは割り切れた。だけど、前に書いた親族会議や調停に連れ出されるのが辛かった。親族会議が開かれたのは、母の会社が父の親族の土地に建っていたからだ。離婚をするなら立ち退かなくてはならず、そうなると母は職を失い、私たちも上の学校に行けなくなる。

母にすれば、離婚は父の一方的な暴力と浮気によるものだから、慰謝料として土地を貸すよう申し立てをしていたのだが、この裁判がこじれた。当然だ。そこまで父を追い込んだのは母の異常なまでの家庭放棄なのだから、父がそれを認めるはずがない。

弁護士は、父のひどさが明確になればなるほど裁判は母に有利と言った。家庭内で起こったことを当事者以外で話せるのは私だけ。自分が大学に行くため、妹たちが立ち行くためにも、私は母に全面的に味方をしないといけなかったのだ。

どこに連れ出されても、「父は人間として失格するようなことをしました」と言って、父の暴力や女性問題の話だけをした。母の家庭放棄には一切触れてはいけなかった。裁判に勝つには、そうするしかなかった。

しかし私をそこまで追い込んだのには、父にも原因があった。実は、最初父は一緒に家を出ようと私を誘っていた。が、そのとき、父は自分は再婚するつもりだと打ち明けたのだ。あの手紙の人だと直感した私は、父とあの女性と暮らすくらいなら、母と暮らすと言った。

すると、父は私に「あいつは土地をとられて事業ができなくなる。そうなると、お前はお母ちゃんと一緒に野垂れ死にするぞ」と言うのだ。父に「どうして？　子ども三人学校行かせるのは父親の義務じゃないの？　お母ちゃんが仕事できなくなったら、子どもの学校はお父ちゃんが助けてよ」と訴えたが、「お母ちゃんを選ぶというのは野垂れ死にを選ぶということや」と言ったのだ。父は母からすべてを奪おうとするあまり、自分も何かを失っていた。みんな狂っていた。そして、何がなんでも裁判に母を勝たせるために、私も狂うしかなかった。

離婚は母に有利に解決し、それからこの二十年、父とは一度も会わなかった。以前、結城さんに言われたことは、私がいくら消そうとしても消せなかった心の澱だった。あのとき裁判に勝つために、私は父に自分の気持ちではないことを言ってしまった。父がすべて悪いと証言した。

結城さんに会い、友里恵さんに会い、三年近く経っていた。自分の小さい頃を振り返っていくなかで、自分の責任でないものと自分で責任を負わなければならないものがあることがわかってきた。この父とのことは、まだ私の中で終わっていなかった。そして、これは私が事実を話して、きちんと謝らなければ納得がいかないものなのだ。

以前テレビで誰かが、「今日は昨日の続き」と言ってるのを聞いた。今まで私もそう思って、過去をずっと引きずったまま来てしまった。私は、目の前のことを過去の経験からの記憶で見ていたのだ。たとえば「自分なんかダメだ」と、何をするにも自信がもてなかった。じゃあ、オギャーと生まれたときから自分がダメだと思っていただろうか？　そう思うようになってしまったのは、周りの大人から「冷たい」と言われたことや、大切にされなかった記憶、自分の中にある罪悪感が大きな原因になっていたのだ。本当はダメな自分でないのに、過去の経験の記憶が今の自分自身だと思い込んでしまっていた。結城さんや友里恵さんと一緒に自分の過去を振り返る中で、そのことを教えてもらった。

私は、周りの大人から言われたことを一つずつ思い出して冷静に見ていくことで、ひどいことばや言動がその人のもので、私のものじゃないことを教えられたのだ。これまで、周りの人間のことばや態度を自分だと信じて生きてきてしまっただけなんだ。

そうやって、自分に起こったことを見直すだけで、新たな価値観が自然に自分の中に生まれてきていた。知らないうちに、いろんなことが違って見えて、湧き出る感情が変わってきている。

たとえば今まで、子どもがご飯を食べないと、自分が否定されたような気持ちになっていたのが、子どもがご飯を食べないのは子どもの都合と、感情が波立つことなく「残していいよ」と自然に言える。一事が万事この調子で、毎日がとても楽なのだ。私は過去の思い込みの自分から解放されて、子どもと接することができていた。もう今日は「昨日の続き」ではなくなっていたのだ。もう一度、新しく生き直すことができると確信できた。だって、目の前には、私を心から受け入れてくれる家族と友人しかいないのだから。今は恐れることは何もない。怖かったのは、過去の記憶だったのだ。

過去を清算して新しく生き直したい。そのために、やり残したことは片付けようと思った。過去に思い残すことがあると、まっすぐ前だけを見ていくことができない。

父が私たちにしたことはそれとして、私は父に謝らないとと思った。本当の気持ちを言わないと、父との関係がもつれたままになってしまう。自分の罪悪感を整理したくて、父を探そうと思った。そう、自分のためだけにそうしようと思った。偉くも立派にもなれないどうしようもない私は、今は自分しか幸せにできない。親に良かれ、妹のため、子どものため、そう思ってやってきたけれど、それでいったい、今まで誰が幸せになれた？　自分すら幸せにできない人間が、人を幸せにできるわけがない。まず私を幸せにしよう。すべてはそこからだ。自分勝手でいい、いい人のふりはもうやめた。私は私のために父を探した。でも、どこから手をつけていいのか、見当もつかない。なにせ、二十年音信不通で、父が誰と繋がっているのか見当がつかない。だが予想に反して、思っていたより簡単に連絡先がわかった。これには驚いたが、末の妹が内緒で連絡を取り続けていたのだ。父はリタイアして九州にいた。

10　再会

携帯の呼び出し音が鳴ってから、しばらくして父が電話に出た。

「まり子。」

そう言うと

「おおう、なんや。元気か？　久しぶりやな。どうしてんの？　結婚したのは聞いてたけど。」

まるで、久しぶりに話す親戚みたいな口調で父は話しはじめた。こちらに話をさせたくないみたいに、次々に自分の話ばかりしてくる。私はあいづちを打つだけで、肝心の話はできないまま。

「なんで、突然電話してくれる気になったんや？」

と聞いてくれたのに

「子どもが、ママのおじいちゃん死んだの？　いないの？　生きてるならなんで会わないの？ってしつこいから……。」

としか言えなくて、

「じゃあ、機会があったら会いましょう。」

とだけ伝えて電話を切ってしまった。

お互い、触れたくない過去があるからしかたがない。父は年金生活で、まず、関東に行く用事もないからと言っていた。こちらも九州旅行する余裕はないし、会うことなんかないだろう。「会いましょう」なんて、バレバレの社交辞令だった。マユミちゃんに報告すると、

「わかんないよ、始まるときは勝手にお膳立てが整うから。案外お父さんに会うことになるかもね。」

と、こちらの不安をお見通しで、からかうように言った。

「あるわけないじゃん。」

と私も言ったものの、なんだか嫌ぁーな予感が背筋を走る。会って謝らないといけないと思う半面、なんだか会いたくない。わだかまりがあったとしても、一応決着して、いったん終わってるんだから、もう触りたくないというのが正直な気持ちだ。

テレビでよくやる「涙の再会スペシャル」なんて、みんな本当に喜んで会っているんだろうか。何年も会わず、話もしなかったのに、涙を流していきなり抱き合うなんて不自然だ。卑屈な私は信じられない気持ちでいっぱいだ。

予想どおり、悪寒は的中した。半年経った頃、父から連絡が入った。

「来週、東京に行くから会いましょう。」

「うわぁ……。最悪や。なんでなん?」

これが正直な気持ちだ。気持ちは一気に落ち込んでしまった。でも、この流れには乗るしかない。あんなに「謝ろう」と決心したのに、その気持ちはとっくの昔にお空の遠い彼方に消えていた。

何か父に頼まれたらどうしよう。借金でも申し込まれるかも。親のあれこれに関わりすぎてきた癖で、何かとんでもないことを頼まれる恐怖のほうが大きかった。マユミちゃんは「やっぱりね」と言って笑った。

「流れに任せたらいいよ。謝れたら謝ればいいいし、ご飯食べるだけならご飯だけでいいじゃない。借金頼まれたら断ればいいじゃない。ホント、まりちゃん苦労性だねぇ。大丈夫だよ。ワハハハハ。」

マユミちゃんの「大丈夫だよ」に助けられて、私は子どもを連れて都内のレストランで父に会うことになった。よく晴れた気持ちのいい冬の日だったが、めちゃめちゃ気が重かった。

二十年ぶりに会う父は、前に見たときとそう変わりはなかった。デザイン関係の仕事をしていただけあり、還暦を過ぎた今もおしゃれな紳士という感じ。父はレストランでは当たり障りない昔話や、私の小さいときの話なんかを子どもたちに面白おかしく聞かせていたが、私は、ただ、ただ肩がこってしんどかった。とにかく一度会って、孫の顔を見せられてよかった、そのことには少し責任を果たせた気分でいられた。一時間くらい食事をして話をし、帰ることになった。父は九州からのお土産を私に手渡しながら、

「何といっても、一度お前を捨てたことは謝らないと、と思ってきた。あのとき家を出たのは、お前

らのためと思ってしたことだけれど、捨てたことには違いない。」

と言った。一瞬、空気が凍った。私は

「あのときは、ああするしかなかった。そうでないと地獄が続いた。そんなことわかってる。」

それだけ言って、自分のことは何も言わなかった。言えなかった。謝ってくれたのは嬉しかったが、父が家を出たことを私は恨んでいなかった。むしろ、一番父親の支えが欲しかったとき、「どうなったって学費は出してやる、心配するな」と言ってもらえなかったことにこだわっていた。

「なんで、あのとき、お母ちゃんが裁判に負けても、学校のことは心配するな、自分が出してやる、と言ってはくれなかったのか。お父ちゃんと一緒に行かなかったのは、お父ちゃんが再婚すると言ったから。お父ちゃんは家を出たとき、私たちを捨てたんじゃない。お母ちゃんと野垂れ死ぬことになっても仕方ないと見放したときなんよ。」

そう言いたかった。だけど、ことばにならない割り切れない感情だけが湧いてきて、うまく表現する自信がなかった。目の前にはちひろと雄介がいるし、取り乱したくない。私は最後のことばは飲み込んでしまった。だけど、そのとき「私も謝りたいことがある」とも言えなかった。これは絶対言おうと思って来たのに。勇気がどうしても出なかった。

別れ際に父がパソコンのアドレスを聞いたのでそれを教えて、「元気で」と言ってそのまま別れた。時間にすれば二時間くらいだったろうか。二十年ぶりの再会はあっけなく終わった。

家に帰ってもなんだか気が重い。やっぱり、自分の気持ちを伝えないと。自分がしんどいだけや。そう思って、その日のうちに父に電話した。父はまだ東京にいた。

「今日はありがとう。ほんまは私も謝りたかったんや。なんか、言いそびれてしまって。離婚の裁判のとき、私が言ったこと、全部言わされてたんや。お父ちゃんだけが悪いんじゃないというのはわかってたけど、ああするしかなくて。それだけはちゃんと謝りたかった。ずっと気にしてたんや。」

一気にことばが出てくる。ためて、ためてずっと苦しかったのが飛び出すようだった。父は「わかってる」「そうか、そうか」と言いながら聞いていた。そして、

「お前は、何も悪くない、お前にああ言われても、お父ちゃんはお前に失望したことはない。安心しなさい。あのときのことは全部親が悪い。お前は何も心配しなくていい。巻き込まれてかわいそうなことやったとみんな思ってる。」

そう言ってくれた。電話はいい。涙が出ても泣いていないように「ふり」ができる。言いたいことが言

えてすっとしたのと「お前は悪くない」と言ってもらってほっとしたのとで、涙は次から次へと流れる。「父に謝らないと」と心のどこかで思い続けていた私は、やっと肩の荷がおろせた。そこまで追い込んだ学費のことまで言いたかったが、そんなことは今はいい。自分が本当は言いたくないことを言って父を傷つけたことをとにかく謝れたらいい。そのことが、私には何よりも大切なことだった。気持ちの中で大きなものが片付いた気がした。

「お父ちゃん、謝ってくれてありがとう。私も謝れてよかったよ。」

最後にそう言って受話器を置いた。

「ごめんなさい」と「ありがとう」は、人と人とのつながりを完結させてくれる不思議なことばだなと思った。この二つを言いそびれると、その人との思い出が過去になってくれない。そのことばを言えなかったことを、ずっと引きずったまま今を生きてしまう。

これからは誰と対するときも、いつも素直な気持ちでいたいと思った。主人とも、子どもとも、友人とも、親とも。きちんと、いつでも「ごめんなさい」と「ありがとう」が言えるように。

11　ちいちゃん、ごめんな

ちひろは、いつも寝つきが悪い。今日ももう十一時だ。五年生の子どもには遅すぎる時間になっても

「寝れないんだ。」

とこぼしてゴロゴロしている。いつもならここで「目と口を閉じてたら寝れるのに」と小言を言うところだが、今晩はちひろの横に自分も寝転がってみた。
　父とのこともあったりして、自分の子どもとも毎日後悔のないようつきあいたいと思っていた。ありきたりだが、明日何が起こるかなんてわからない。今日をこの子との最後の日だと思って接していきたい。そんな気持ちになっていた。明日、この子に会えなくなるとしたら、私は今この子に何を言おう、何をしよう。そんなふうに毎日考えるようになっていた。
　人と人はやり残しがあると、あんなに苦しい時間をお互い持ち続けなくてはならなくなる。それは、あまりに辛いから。

「あんな、ちいちゃん。ママ、ちひろに謝らないといけないこといーぱいあるの。ちいちゃんはママ

の初めての子どもやったやろ、だから育て方わかれへんかってん。ちいちゃんのしてほしいことママ喜んでしてあげれなかってん。それから、ちいちゃんが悪くないのに、ママの機嫌が悪くて怒ってしまってん。今までママが怒ったのは全部ママが悪いねん。ちひろは何も悪くなかったんよ。悪い子みたいに言ってしまってごめんね。

それから、ちいちゃんが小さいとき、ママ病気でちいちゃんとたくさん遊んであげれなかったんよ。それも悪かったと思うの。自転車の練習、みんなのお母さんが手伝ってたのに、ママだけ行けなかったでしょ。そのときもかわいそうなことしてごめんね。まだまだママ謝らないといけないことがいっぱいあると思うの。だから全部ママが悪いことママ謝るし言ってほしいねん。」

私は、ちひろのほうは見ないで天井を見上げながらそう言った。

「そんなの、覚えてないし、そんなのいいよ。病気だったから仕方なかったんだよ。」

聞き分けのいいちひろはそう言う。

「そんな親のことを小さい子どもは思いやらなくていいねん。自分が寂しかったら『寂しい』でいいねん。それだけ思っとけばいいの。親が病気とか関係ないねん。ちひろが『寂しかった』っていう気持ちは、親が病気だろうが元気だろうが関係ないねん。寂しいって感じることが大切やのよ。」

ちひろが静かになった。ちひろは泣いていた。沈黙はしばらく続いた後、

「ママ、急に怒るのやめてほしい。」

そうだろう、本当にそうだろう。私はそういうことをしてる。

「わかった。ママがんばるよ。今まで急に怒ってごめんな。」

謝ってもその後のことに自信はないが、謝るしかない。ちひろはすかさず、

「私も悪い所があってもなかなかすぐには直せないから、ママも無理だと思うけど、まあ、頑張ってくれてればいいよ。」

そう言って、すっと横を向いて目を閉じてしまった。とりあえず謝れてよかった。

カウンセリングは当時二、三ヵ月に一度、友里恵さんの所にお邪魔していた。父のことを話すと、

「よかったじゃない。お父さんとの関係が変わったってことは、お母さんとの関係もきっと変化が出

てくるよ。家族ってつながってるからさ。」

と言ったが、私は笑って本気にしなかった。母との関係は諦めるか離れる以外どうしようもない。父はあの母を殺したいほど憎んだ。私もあの人と暮らして悟りが開けそうになった。「無」にならないと、あの人とは一緒に暮らせない。比叡山の千日回峰なんて何ほどのものか、母は人の憎しみ、嫉妬、怒りというような影の部分を引き出す天才だ。母との関係は、ひたすら相手が我慢するしかないのだ。

「ありえませんねぇ」と、私は爆笑してしまった。ありえない。絶対に母との関係が変わるなんて死に別れしかない。死別するまで我慢する。それが私と母との関係だ。そう思った。

一方、娘との関係は目に見えて改善していった。なぜこのことがわかるかというと、私が娘といて「本当に楽しい」と感じるようになったからだ。娘の顔も変わってきていた。ゆるんできたというか、安心した感じがしてきた。

今まで、娘に何かしてあげようと思うあまり、私自身がちひろといて楽しめていなかった。何かしないといけない、でもしてあげても喜ばないとイライラしての繰り返し。これでは、子どもといて楽しいはずがない。ちひろが学校の話をするときも、この子に何をしてやらないといけないのかとか、なんて答えてやればいいのかばかりを考えていた。今は、ただちひろの話を最後まで聞いてやるだけ。この子は聞いて欲しいんだけなんだと、やっと気づいた。

そんなある日、ちひろの連絡帳に、担任の先生からの手紙が挟んであった。

『今日、国語の時間にちひろさんが、いい詩を書きました。読んであげてください。』とある。ノートを見てみた。

お母さん

わたしが「ただいま」というと
「おかえり」といつもむかえてくれる人
わたしは　毎日　今日のばんごはんは
なにかな　と　わくわくして家に帰ります

先生曰く、この日は「わくわくすること」という題で詩を書くように言ったそうだ。そのときに娘が書いた詩がこれだった。とても感動したと言ってくれた。今の世の中、こんな温かい気持ちで家に帰る子どもがいるのが嬉しいと言ってくれた。

ちひろは、私との生活をこんなふうに感じていてくれた。そのことが何よりも、何よりも嬉しかった。

先生からの手紙を見せながら、ちひろに聞いてみた。

「ちいちゃんの、楽しいときってどんなとき?　ママ、ちいちゃんがいつも楽しそうに見えないなって思ってたんだけど。」

「ええっとね、大きく嬉しいっていうより、毎日の小さいことが結構楽しみなんだよ。今日の晩ごはんがカレーとか、今日はあの本の続きを読もうとか、結構小さくたくさんあるんだよ。」
「でも、あんまり大喜びしたりしないでしょ。」
「大はしゃぎして喜ぶ人もいれば、心の中で楽しむ人もいるんだよ。ママわからないんだよ。ママの嬉しいことが人も嬉しいとは限らないんだからね。」

どうやら私は、自分の尺度でちひろを見てきてしまったようだ。ちひろを「喜ばせたい」って、自分の思うように喜ばせようとしていた。ちひろは心の中で、ふんわり喜ぶ子どもだったんだ。どうして今まで、ちひろに聞かなかったんだろう。私が子どもに良かれと思ってしていることが、この子には負担だったのかもしれない。喜ばせようとしていたことは、ちっとも「愛」として伝わっていなかった。他人を自分の思い通りにしようとすることは、暴力や支配と同じと聞いたことがある。じゃあ私の「喜ばせよう」も暴力じゃないか。ちひろの喜ぶ顔を見て自分が許された気持ちになりたかっただけだった。自分が楽になりたくて、ちひろを喜ばせようとしてたんだ。このことに私は愕然とした。「愛」と思ってしていたことが、「愛」として伝わっていなかった。

もっと、子どもを見よう、わからないことは子どもに聞いていこう。今までなんで気づかなかったんだろう。子どもと私は違う人間なんだから、子どもが喜ぶやりかたで子どもを大切にする行動でしか「愛」

は伝わらないんだ。気づかぬうちに、自分がされたことと同じことを子どもにしてきてしまった。

私はそのことを何度もちひろに謝り、その日はどんなことをしてもらうのが嬉しいのかとか、どんなことが嫌なのかを何時間も子どもたちと話をした。主人が帰ってから、今日の話をすると、にやっと笑って、「まりちゃん、成長したなー。ちいちゃん、ママがんばってるねー」と言うと、ちひろは「私もママがそんなこと考えてたなんて知らなかった」と、一緒になって笑っていた。

少し悔しかったが、今まで感じたことのない温かいものがみんなの間に流れているのを感じて、心はとても穏やかだった。

いつも誰かの役に立つことをしていないと落ち着かなかったし、辛いことを歯を食いしばってやることが価値あることだと思い込み、かえって周りを窮屈にさせてしまっていた。私はもっと楽に生きていいんだ。いや、生きなきゃいけないんだ。私が楽な気持ちでいないと周りは安らげないし、子どもの気持ちをくんでやる余裕もできない。自分のことだけを考えるのは自分勝手なことだと思ってきたけれど、周りの人たちと幸せでいるには、まず自分が幸せな気分でいないと。それは好き勝手にするというのではなく、幸せなハーモニーに響く一つの幸せな音になるということだ。

でも「楽にいきる」のは怠けていることにならないのか、身勝手とは違うのか、まだ不安な気持ちは行き来する。

「まり子のしんどい人生はもう終わりなんやで。後は、ご褒美いっぱい来ると思って楽しみにしとき。」

そう主人が笑って言う。この人はどこまでも徹底して私のそばにいてくれた。

12　母との対決

それから、私は今までやりたかったけど、やっていなかったことを積極的に始めるようにした。自分のこれまでの寂しさは消し去りがたく心にあったけれど、同時に嬉しいという気持ちもしっかり感じることができた。まず、思い立ったのがピアノだった。楽譜も読めないけれど、小さいときからやってみたかったことだった。好きな曲を思うように弾けたらどんなに幸せだろう。電話の前で半日にらめっこして、思い切って近くの教室に電話をかけ、何度も「三十七歳でも大丈夫ですか」と聞くと、今からでも基礎からやれば、オリジナル曲でも弾けると言ってくださる。本来の私なら、自分の楽しみだけのためにお金を使うなんて、逆立ちしてもできない。けれど主人が大喜びで、「まりが楽しい気分でいてくれることが皆のためなんやで」と言って、躊躇していた私の背中を「ドン」と押してくれた。

最初は、自分の趣味の時間なんてとドキドキしたが、時とともにお稽古の日が待ち遠しくなって、前日は子どもみたいにわくわくした。こんなの生まれて初めてかもしれない。私は今、「明日」という日を楽しみに思えている。この気持ちが本物の「希望」なんだ。今までは、苦しみから逃れるのが「希望」だと思ってきた。私は、生まれて初めて明日を生きる希望を感じている。

そんなある日、母からお米が届いた。うちには半年に一度、九十キロの玄米が届く。私は大して何も考

えず、母に電話し、

「ありがとう、でも、もうお米は送ってくれなくてもこちらで買うからいいよ。置き場所にもこまるし。今まで言おうと思ってたんだけど、もうあまり頼りたくないのよ。」

と言ったとたん、母は激怒した。母の言い分は、親を頼りたくないとは何事か。よくもそんな親を捨てるようなことが言えるな、と言うのだ。それでも、私も初めて母に対して引かなかった。もう恩着せがましくされるのは嫌だ。もう嫌なことを母のために我慢するのはやめたと腹に決めていた。

私たち家族以外が聞いたら変に思われるかもしれないが、母は無意識で子どもに物を与えることが子どもとの絆をつなぐものと考えているところがあった。母からの物を「いらない」と言うのは、母を「いらない」と言うのと同じ意味になると感じるのだ。だから、私たち姉妹は、母からの物を「いらない」と決して言わなかった。やんわりとでも断ると、「もう、お前のことはしらん」と、半年以上怒り続け、家庭の平和がことごとく崩れると知っていたからだ。でも私はこの日何の考えもなく、はっきりと言ってしまった。そして、予想どおり、母は烈火のごとく怒ったのだ。

私にもずるいところがあった。私は心のどこかで、母に姉妹の中で特別な存在と思ってもらいたかった。だから、母から物を貰って母の「愛」を貰おうとした。でも「物」を貰っても気持ちが満たされることはなかった。逆に「物」を貰うと、後でなんだか落ち込むのだ。

これは、母自身も気づいていないだろうが、母は「物」を与えることで人をコントロールできると思っていた。だから後から「あれだけ送ってるのに」とか「世話になってるんだから言うことを聞け」と言ってくる。そうなるのがわかっていても、母から「物」が欲しかったのは私のずるさと弱さだ。私も、どうしようもなく母から自立できていなかった。物を貰うと、そんな卑しい自分にいつもうんざりしていたのだ。

いったんまっすぐ前を見ると決めてしまうと、融通のきかない性質の私は自分の後ろめたい気持ちをごまかせなかった。母はもう二度と荷物は送らないと言って電話を切った。私は母をあんなに怒らせたにもかかわらず、少しも罪悪感を感じていない。やっと、言えたとすっきりしたぐらいだった。それが、不思議だった。

だが、ことはそこで収まらなかった。母の「友だち」から一時間後くらいに電話が入った。母の気持ちも考えずに何ということを言うのか。母は子どものためだけに働いてきたのにその恩を仇で返すのか。まりちゃんは変わった。あんなにお母さんがあなたを頼りにしてきたのに裏切った。本当に冷たいね、と言うのだった。以前の私なら黙って「はい、はい」と聞いただろう。でも、そのときも私は気持ち悪いくらい冷静だった。そして、穏やかに言った。何の迷いも感情の高まりもなかった。

「おばさん、私と母のことですよね。関係ありませんよね。母の肩を持っているつもりかもしれませんが、私と母の間をよりめちゃくちゃにしてるんですよ。」

「友だち」はかなり立腹して、「二度と関わらない」と言って電話を切った。数時間してまた、母から電話。いい加減にしてほしい。イライラしてきたのもあり、ヨーシ、こうなったら、今まで言いたくても言えなかったことを全部言ってしまおうと決心した。

母は、自分のことを思って心配してくれてる「友だち」になんてことを言ってくれた、まり子も散々世話になったはずだと私を責めた。私ももう我慢はしない。思い切って言った。

「いったい、お母ちゃんは誰の親なんや。おばさんか。私か。私な、自分の子どもが地獄に落ちたら自分も落ちて一緒に泣いてやるのが親の仕事やと思ってる。お母ちゃんは一緒に落ちるどころか、私をよその人と一緒に地獄に落とすようなことをしてきたよね。お母ちゃん知ってる？　お母ちゃんのしてること、子どもを捨てるってことなんよ。私のご飯作ったことある？　私がお母ちゃんのご飯作ってきたよね。子どもに親の世話をさせるのは立派な虐待なんよ。子どものとき『子どもは牛や馬と一緒。殴らないとわからん』って私のこと殴ってきたよね。それ、今だったら犯罪なんよ。わかる？　獣でも巣の中に外敵が入ってきたら、身を挺して子どもをかばうっていうやん。お母ちゃん外敵と一緒になって私のこと傷つけてきたんよ。

私が中高生のとき、毎日死にたいって思ってたの知ってる？　遺書書いたの覚えてる？　お母ちゃん、自分のせいでわが子が毎日死にたい、死にたいって思ってたことどう思う？」

母は私の言ったことをすべて受け入れなかった。「お父ちゃんが嫌いだったから、家にいるのが嫌だっただけ」とか「しつけでたたいたんや」とか、「離婚して大変だったから仕方なかった」とか。そして、

最後に力なく、

「そんなに私のこと恨んでるんやったら、私と縁を切ってちょうだい」と言った。

「わかった。でも、最後にこれだけは言わせて。親やったらな、縁を切るのは、おばさんのほうなんやで。私やなくてね。でも、これでいいよ。私も楽になるわ。」

そう言って受話器を置いた。おかしな話だが、それから興奮してきた。そわそわと部屋の中をうろついた。落ち着かない。誰かに早く今の話をしたかった。罪悪感は全くない。今まで言いたくても怖くて言えなかったことだった。そう、母との関係が壊れてしまうという恐怖だ。だけど、もう壊れていいと思った。あえて修羅場を選んだ。少し孤独になった気がした。でも、私には主人がいて、子どもがいる。それで十分だった。

いたたまれず友里恵さんに電話をした。このときになって手が震え出す。おかしなものだ。友里恵さんはちょうど休み時間で、電話をとってくれた。「ふん、ふん」と聞いた後「よく、言った。よくやった」と言ってくれた。そして、興奮気味の私に、

「大丈夫だから。今はこれでいいから。ここは避けて通れないところなんだ。今はこれで完璧だよ。お母さんとのことも変わるかもって言ったでしょ。」

と言ってくれた。そのきっぱりとしたことばの温かさに救われた。

その日の夜、昼間のことを帰宅した主人に話し、亜紀ちゃんやマユミちゃんにも電話をした。たくさん聞いてくれる人がいてくれたことで、ようやく私は落ち着きを取り戻していった。もう、母とのことを考えなくていい。そう思うだけでほっとした。それと同時に、やはりこういうことは、世間では通用しないだろうというのも感じていた。

それから数日経っても、私は清々していた。母に対して何の罪悪感もない。でも世間の規範から考えると間違ったことをしたという意識は消えない。世間では「親を大切にする」ことが最高の美徳のように信じられている。きっと世間は、私が間違っていると言うだろう。母を許すべきだと責めるだろう。そういう気持ちに悩まされた。

予想どおり、関西にいる母と一緒に住んでいる末の妹から、大非難のメールが嵐のように来た。この妹も母に虐待されて捨てられた子だった。私には祖母がいたが、二人の妹たちにはかばってくれる人すらいなかった。特にメールを送ってきた末の妹への母の虐待はひどかった。二歳になるかならないとき、夜泣きするのがうるさいと車の中に閉じ込めたり、顔に何日も手形のあざが残るくらい叩いていた。

ほとんど家にいない母なのに妹は離乳がなかなかできず、幼稚園に入ってもおっぱいを欲しがった。でも、母は家にいないから、しょっちゅう母恋しさで夕方泣きをする。これをなだめるのが私の役目だったが、妹は簡単には泣き止まない。私は泣き続ける妹を抱えて、母がいそうな場所に電話をかけまくった。どんなにか情けなかったかしれない。やっと母を捕まえて帰ってきてほしいと頼むと、「私が帰るまで風呂場にいれとけ」と言う。まさかそんなことはできないと思って、妹をなだめすかしながら母が帰るのを待つのが常だったが、ある日母は夕方帰ってきて泣いてすがりつく妹を、本当に風呂場に放り込んで「泣いたら、ここに入れとけ」と言って、また出て行ってしまった。妹はこの世のものとは思えないくらい泣き叫んで「ごめんなさい。ごめんなさい」と、いつまでも泣いて謝り続けた。いったい、この妹はなんで謝らないといけないのか。子どもが、母を恋しくて、なんで「ごめんなさい」なのか。急いで風呂場から出してやったものの、あのときの恐怖は今思い出しても吐き気がする。私は妹が夕方泣きをしても、二度と電話で母を捜さなかった。

「牛や馬と一緒や」と殴られた私たち姉妹は、自分たちを心の奥底で「牛や馬」と軽蔑している。自分を価値がないと思っている人間が、価値のある生活を送れるだろうか。

その上、毎日冷たい対立の中で緊張して生活してきた。私にはかろうじて小さい頃「おばあちゃんの部屋」という安全地帯があった。短い間だったが、そこではいつも守られていると安心できた。だが、妹たちが安心できた時間や場所が、あの家に果たしてあっただろうか。あの頃の私ですら、口にするのもおぞましい記憶を末の妹が何も覚えていないと言っても不思議でなかった。覚えていたら狂ってしまう。それを思うとやるせない。

それに妹たちの私への非難の大合唱も理解できた。あの子たちに、私のとった行動が許せなくて当然なのだ。実家では、母に少しでも母が親としてやってない真実を言うのはタブーだった。やっと保っている家庭の安定を壊してしまう。それなのに、私はそれを全部ぶち壊してしまった。

末の妹は私を人でなしだと言った。自分の結婚式も、たとえ母が亡くなっても葬式にも来るなと言った。私はそれでよかった。「お母ちゃんは私が一生面倒見るから」という捨て台詞が、この妹の最後のことばだった。

私と同じだ。母の愛が欲しくて母の面倒を見ようとしている。妹たちは四、五年前までの私だった。これればかりは、私もそうだったように、自分の問題が母とのことに関係すると気がつかない限り、受け入れられないことだと思う。真剣に自分の問題を解決しようと動かない限り、それはわからない。私だって、こんなことになるとは数年前まで思っていなかったのだから。私は、自分の故郷と縁を切る覚悟で妹との話を終えた。

それでも、やっぱり自分の気持ちは日々行き来する。自分を責める日もあった。だけど挫けそうになるたびに、私は主人やマユミちゃんたちと話した。長い話にみんなよくつきあってくれて支えてくれた。

「許せないときは許さなくていいんだよ。死ぬまで許さなくていいんだよ。大丈夫だよ。許しは自分が生み出すものじゃないんだよ、訪れるものだよ。」

誰も私を責めたりしなかった。いつも、温かく応えてくれた。本当に彼女たちには助けられた。彼女たちがいなければ、きっと超えられなかっただろう。

母との電話から二月後くらいに、友里恵さんを訪ねた。友里恵さんは、いつもと同じにしゃきしゃきしていた。

「よくやったね。お母さんに言いたいこと全部言えたかい？　大丈夫だよ。お母さんにしばらくあなたの人生の舞台から降りてもらうだけなんだから。お母さんも子どもから自立するいいチャンスだよ。お母さんもある期間は苦しむだろうけど、時期が来てるんだからできるはずだよ。お母さんのことはお母さんに任せて、自分を主人公に生きるってことやってごらんよ。これからしばらく、ゆっくりやんな。いい旦那がいるじゃないか。」

「時期が来てるってどういうことなんですか？　私、やっぱり自分が間違ってるんじゃないか不安になるんです。世間の決まりってやっぱりあるじゃないですか……。」正直な気持ちを話してみた。

「世間じゃないよ。自分が今までの自分の殻を脱ぐとき感じるものだよ。世間なんて本当はないんだよ。あなたが見てるもの、こうだと決めたものが世間なんだ。昨日までのあなたが、今の自分を責めてるだけのことさ。」

「それとね、お母さんもあなたが思ってるほどバカじゃないんだよ。一応結婚して、殺さず子ども育てて大学まで出した人なんだよ。自分のことは自分でできる人なんだよ。そう思って任せとけばいいよ。

あなたが自分の言いたいことをお母さんに言えたのは、無意識にそれがわかってたからだよ。お母さんも、それを聞いて学べる時期だったから聞くべきことを聞いたんだよ。無意識でわかってやってるんだよ。」

友里恵さんにそう言ってもらって、また少し気が楽になれた。

これから心置きなく、今までとは違う人生が始まると思うと嬉しかった。あの母のことをもう考えなくていいと思うと、空気が違って感じ、空や月まで違って見えた。なんだか世界が澄んでいった。お腹の下のほうではまだ「罪悪感」はあったけれど、それはそのままでも十分世の中は美しく見えた。

明日が待ち遠しくなる。子どもが朝、起きてくるだけで嬉しくなる。楽しいってこういう感じか、嬉しいってこういうことか。一つひとつを実感している気がした。そんな毎日がとても新鮮だった。だって今まで、明日はいつも母が何をして、何を言うかわからない、しんどい日だったのだから。

私は今まで、なんとなく早く死ぬ日がくればいいなと思っていたようだ。別に自殺したいわけじゃないけれど、生きるのがしんどくて早く終わらないかな～とぼんやり考えていたのだ。死ぬときは「あーやれやれ」と思うだろう、と思っていた。

楽になって初めて、今までの異常なしんどさに圧倒された。あの母の存在は、こんなに重たかったのだ。そして、大切なことを受け止めはじめていた。子どもが大切と言うが、母の行動は、私を殴り、家に寄り付かず、世話もしない。いつも私よりも「友だち」のことばに耳を貸す。

子どものとき「お母ちゃん、帰ってきて、ちゃんとして」と何度も訴えたが、返ってくるのは「ちゃんと、（お金を）出したってるやん、学校行かしたってるやん」ということば。お金を出すことが母の愛しかただった。だけど、子どもだけの家の中に残された札束の入った封筒は言いようもないほど冷たく、私を抱きしめることも、私の話に耳を傾けることもなかった。

愛しかたを知らない母は、自分も子どもも愛せなかったんだ。私は、愛されなかった。その事実が私の目を覚ましてくれた。それでも、私は生きていた。「愛されなくても大丈夫なんだ」と思った。
このことに　気づくのが　ずっと　怖かった。

13　しのぶ君のこと

母と縁を切って一年以上が経った。母からも妹からも、電話もメールも一切こなかった。ただ、すぐ下の妹からの年賀状で、母が最近体を壊しているということだけは聞いていた。正直なところ、それを聞いても何も感じない。もう、私の中では母のことは終わっていた。小学生の頃から母の病気、入院、子ども時代から嫁ぐまでの家事一切、離婚のときのあれこれ、全部私がやってきた。もう一生分、あの家のことはしたと言い切る自信がある。後は一緒に住んでいる妹たちがやればいい。もう二人とも大人なんだから、大丈夫なはずだ。

この間、全く葛藤がなかった、と言えば嘘になるが、私はなるべく「幸せに楽しく」過ごすようにと気持ちを向けていた。それが目の前にいる子どもたちへの責任を果たすことだと思ったから。

時間は豊かに流れていた。ピアノは、一年で幼児教本から「エリーゼのために」が弾けるようになった。この経験は私にとって、ピアノが弾けるということ以上に意味があることだった。「もう、年だから無理よ」が私たちの年齢の友人の決まり文句のようになっているけれど、無理なことなんか何もない。やりたい気持ちがあればできるし、楽しめる。やりたいことを諦めないでどんどんやっていける。始めるに遅い時期なんかないんだと確信できた。未来が急に大きく広がって、幸せがいっぱい訪れるような気がして、自分という存在が可能性にあふれているように思えた。

そして何よりも一番大きな変化は、思いがけず引っ越しをしたことだ。前のマンションは社宅で、転勤がない限りは越せないものと思っていたが、突然社内事情が変わり、会社が社宅マンションを売却することになったのだ。

次に越した所は、前よりもずっと広くて新しいマンションの一階部分。駅にも、娘が通う予定の中学にも近く理想的な立地で、洗濯物を広々とたくさん干せるテラスがあり、その前にはかなり広い庭があって開放感があった。

この庭を手入れする自信がなかったので最初は全部芝生にしようかと思ったが、何事も始めてみようと思い切って広い花壇にすることにした。家の中がようやく片付いた後、私はこの花壇作りに思った以上にはまってしまった。

残暑厳しい中での初めての庭作りは思った以上にわからないことが多く大変だったが、雑草を抜き、地面を耕し、肥料をまいて一ヵ月以上かかって、やっと植え付けができるまでにこぎつけた。何を植えるかあれこれ考えた結果、庭の半分には育てやすいコスモスやポリアンナなどの苗を植え、後の半分はれんげ草の種をまくことにした。秋が深まる時間とともに、このレンゲのゴマ粒の十分の一位の種から、小さい芽が出はじめると、それを見ることが毎朝なんとも言えず楽しくて仕方なかった。

たくさんの緑の小さな芽を眺めていると、知らないうちに時間が過ぎてしまい、家事が進まない日が何日も続いたりした。だけど、それでよかった。私の時間を誰に遠慮することもなく気持ちよく過ごせていることにとても満足で、充実した気分だった。

今まで、私はどうすれば楽しくゆったり暮らせるのかがわからなかった。「ゆったり暮らす」というのが、どんなものかわからず怖いのだ。生まれたときから、ずっと緊張して自分がどうすれば家庭という世界が壊れないかばかり考えていたから、常に用心して目を配らずにはいられない。人間、慣れ親しんだ世界から違う世界に行くのがこんなに怖いとは思わなかった。新しい世界のほうが全く素晴らしいとわかっていても、「これでいいの？」と誰かに確認したくなる。「ゆっくり暮らすってこう？　のんびりってこんな感じ？」こんなふうに、毎日自分と会話しながら過ごしていた。油断すると、自分の中のもう一人の自分が「そんなことでいいの？」と問いかけてくる。

「いいの、いいの。まり子の気持ちいいのがいいの。みんながそれを望んでいるの」

馬鹿みたいだが、もう一人の自分が自分をそうなだめてくれた。

そうこうするうちに、引っ越して初めての冬が来た。雪が積もってもポリアンナやスノーボールは枯れずに咲いている。これに何よりも驚いた。今までコンテナに花を植えてはことごとく枯らせていた。地植えの花がこんなに強く咲くとは思わなかった。ビオラも鉢植えとは比べ物にならないくらい次々と花が咲いた。土を触るたびに、何か力強いものが伝わる感じがする。朴訥として、決して変わることのない、安定したどっしりとしたエネルギーが私の中に入ってくるようだった。きっと、このエネルギーが雪に埋まった花をいつまでも咲かせているのだろう。

お日様の下で、どっしりとした土の上で作業していると太陽の光、土、根、水、そして私が一つになって、命のエネルギーが巡るのが感じられた。命が生きるというのは、案外シンプルなことなのかもしれない。種が土に落ちて、深く根が張れたら、次に芽を出す。お日様に照らされて花が咲き、終わる時期が来れば枯れてなくなるだけ。愛されたとか見捨てられたとか、そんなことは関係なく、次々に花は咲いていく。ただ、咲いている。その姿は光り輝くように美しい。本当は人間も同じなんじゃないかな。私も、花と同じに咲けるんじゃないかな。そんなことを思って季節のリズムに自分の感覚をゆだねていると、いつの間にか「これでいいの？」という私の中の声は聞こえなくなっていた。

変なのは、この冬から春にかけて、私はなぜか小学生の頃のことをよく思い出していた。花を植えながら、雑草を抜きながら、私はいつもしのぶ君の思い出とともにいた。

しのぶ君は私と幼稚園から中学まで同じで、何度かクラスも一緒になったことがある。めちゃくちゃ乱暴で、すぐ暴力を振るう。体もクラス一大きく、声も低くて、この声ですごまれると言い返せる子はほとんどいない。周りにはいつも子分みたいな子がいて、ボールを取りに行かされたり、給食の用意をさせられたりしていた。私は、席がしのぶ君と近くなろうものなら、どれだけ被害を受けずに過ごすかばかり考えないといけなくて、ちっとも楽しくなかった。本当にこのしのぶ君だけは、何とかならないかとずっと思っていたが、誰もどうにもできなかった。

だけど、とうとう六年のとき、クラスで事件が起きた。前にも書いたが、この地域の子たちはおせっかいで、何かことが起こると誰もそれを見なかったふりなんかはしない。だけど、しのぶ君に関しては例外だった。腕力でも口でも誰もしのぶ君には勝てないからだ。陰で悪口言うのがせいぜい。だが、あろうことか、この日しのぶ君は、クラスの中で優等生と一目置かれて、リーダー格のあきら君を箒で殴ってしまった。いつものようにしのぶ君が掃除をしないでサボっているのを、あきら君が注意したのがきっかけだったらしい。

あきら君は怒って、「一人で勝てないなら今まで被害を受けた人みんなでしのぶをやっつけよう、いつまでもしのぶの言いなりになってたらあかん」と、学級会で呼びかけた。これにクラスの大多数が賛成した。もちろん私も賛成した。担任の男の先生はただ黙って見ているだけ。しのぶ君は完全に孤立してしまっていた。

「しのぶも掃除しろや。」

「自分の立場が悪なったら殴ってくるのやめろや。」

みんな、ここぞとばかりに口々にしのぶ君に文句を言う。ぶすっとして机を蹴飛ばしながら座るしのぶ君は何も言わない。まだ、話もまとまらない中、しのぶ君は、ぶらぶらさせてた足で突然机をガーンと蹴っ飛ばして倒し、そのまま何も言わず鞄を持って教室を出て行ってしまった。みんなから罵声が一斉に飛ぶ。「しのぶ、逃げんのか」「卑怯もん」「今までえらそうにしてたくせに、なに逃げとんねん」「ちゃんと、掃除も給食もするって約束して。」男女入り混じった声がしのぶ君を追いかけたが、しのぶ君は振り返りもしないで階段を下りていく。

そのときだ。小さい頃から、いつも一番しのぶ君に殴られ、使い走りにされていた阿部君が、急に立ち上がってしのぶ君を追って教室を飛び出した。


「お前ら、しのぶのこと、なんも、知らんのに。」


阿部君はそう言って泣いていた。鼻水をたらして涙を袖で何回もこすって目の周りを真っ赤にして、走ってしのぶ君の後を追っていった。

「阿部、なんで行くねん。裏切りやぞ」「お前が一番の被害者やんけ、一緒に戦えや」と男の子たちが、追いかけて腕ずくで止めようとした。だけど、あの頼りない阿部君のどこにそんなパワーがあったのか、数人の男子の腕を狂ったみたいに振り切って、ものすごい速さで廊下を走って行ってしまったのだ。あっという間に阿部君はしのぶ君に追いつき、二人は一緒に並んで校庭を歩いていた。私も含め、みんな興奮して廊下に出て窓から阿部君としのぶ君を呼んだけれど、もう声は届かない。二人は並んで校門から出て見えなくなってしまった。

そのまま廊下で、次にどうするかを大声で話し合っていたとき、ふと私と一番仲良しの久美ちゃんがいないのに気づいた。いつも先頭で仕切るはずの久美ちゃんがいないのを不自然に感じて、周りを探してみると、久美ちゃんは教室に残って同じ地区の女の子と暗い顔をして何か話をしていた。

久美ちゃんは、しのぶ君や阿部君と同じ地区に住んでいた。そこは学校から一番遠い地区で、主にみかん農業を主体とした農業地区だった。本当に山の中を分け入った群落といった感じの地区で、子どもの足で学校まで三時間近くはかかる。久美ちゃんの家に何度か遊びに行ったことがあるが、山の中を抜けて大きなダムを渡っていくと一面に広がるみかん山。その中にしのぶや阿部君、久美ちゃんの家があった。阿部君も含めて、この地区の子たちの様子がいつもと違う。私は不思議に思って久美ちゃんに近寄っていた。

「どうしたん。いっつも、先頭きってしのぶ君と喧嘩してるのに、なんで出てこないのん?」

そう聞くと、久美ちゃんは真顔でこっそり目で合図して、私に「こちらへ来い」と言う。そっと、みんなの中を抜けて他の教室に入ると、久美ちゃんは私に、その地区の秘密があると言うのだった。

「あんな、絶対内緒やで。これは、○○地区みんなの秘密やねん。親にもきょうだいにも言わんて誓い。」

「うん、わかった。絶対言わへん。」

私は胸がドキドキした。

「あんな、しのぶの家はみかん山、持ってへんねん。せやから、しのぶのお父ちゃん、みかん終わったら違うとこに出稼ぎに行くんよ。そこにな、しのぶのお父ちゃん、もう一つ家族があるねん。しのぶとおんなじ年の子どももいてんねんて。しのぶの家にはあんまり今お父ちゃん帰ってないらしいわ。しのぶ、家では学校とぜんぜん違うんやて。なんもしゃべらへんて阿部がゆうてたわ。せやから、阿部、しのぶの味方しよるんよ。」

私はボーっと聞いていた。胸がズキンと痛んだ。だけど、どうして痛いのかはわからなかった。そのとき私はまだ子どもだった。その痛みを打ち消すように、

「だけど、しのぶがかわいそうやからって人を殴っていいとは言われへんやろ。家が辛い子は、掃除せんでもええのんか。」

とただの正義感だけで久美ちゃんに言ってしまった。

「そうや、あかんよ。そうやけど、でもな」

と言って、久美ちゃんは黙って下を向いてしまった。

次の日、しのぶ君は初めて学校を休んだ。教室ががやがやする中、先生が来て「一時間目は話し合いをします」と言って、黒板の前に座った。みんな、しーんとした。あきら君が「ぼくら、しのぶがもう暴力

を振るわへんって言わへん限り許せへんで」とはっきり言った。先生は静かに、

「昨日、先生あれからしのぶ君の家に行ってきました。しのぶ君は泣いてました。先生、しのぶ君が泣くの初めて見たぞ。もう、それがわかったってことやと思うねん。もう、せえへんてことやと思うねん。なあ、阿部よ、お前小さいときから、しのぶのことよう知っててわかるやろ。」

阿部君は下を向いて何も言わない。でも先生に何度か促されて、座ったまま小さい声でこう言った。

「しのぶが悪いのはしのぶだけのせいやない。みんなかて、嫌なことあったら、親にあたったりするやろ。しのぶが悪いのはしのぶだけのせいやない。」

みんな、しんとして誰も何も言わなかった。ずーっと黙ったまま、一時間目の終わりのチャイムがなるまで、誰一人動かなかった。

それからのことはあまり覚えていない。数日してからだと思うが、しのぶ君は学校に戻ってきた。何事もなかったかのような、いつものしのぶ君だった。あれだけのことがあったのに男の子はすごいもんやと感心していると、久美ちゃんから、あれから男子全員が、阿部君と一緒にしのぶ君の家に行ったと聞いた。そこで何があったか知らないけれど、しのぶ君はそれから少しだけ変わった。相変わらず、掃除も給食当番もしなかったし、阿部君にちょっかいをかけたりしていた。でも、いつもなら殴るような場面で「なん

だ、ばかやろう」って、志村けんのバカ殿様の物まねをするようになっていた。

「あきら君も、ええとこあるやんなぁ」と、この後あきら君がモテまくったのは言うまでもないところだが、いつもみんなから「あべ」「あべよ」と半ばバカにされ気味だった阿部君が、みんなから「阿部君」と呼ばれるようになったのも、うなずけるところだった。


このときのことが、一日に何回も思い出されるのだ。掃除をしているとき、ご飯を作っているとき、雑草を抜きながら、一日中このときのことが頭から離れなかった。

「しのぶが悪いのはしのぶだけのせいやない。」


阿部君のあのときのことばが、頭の中に響いて仕方なかった。

お父さんが外に家庭をもっていて、自分と同い年の子どもがいて、家ではおとなしい、しのぶ。私は何も知らないで、学校でのしのぶだけをしのぶのすべてだと思って、みんなと一緒にやっつけようとした。

私たちの学校は制服着用だった。しのぶは一目でお下がりとわかる薄茶けたシャツを着ていた。ほとんどの生徒が真っ白いシャツを着る中で、しのぶのだけが誰の目にも、はっきりと目立つ。だけど、そのことをからかう子どもは誰もいなかった。絶対言ってはいけない、触れてはいけない、そんなしのぶのシャツだった。

あのとき、靴のかかとを踏んで、うつむいて帰ったしのぶの薄茶けたシャツと、泣きながらそれを追いかけて並んだ阿部君の真っ白いシャツ。いつもは仕切り屋なのに、ぎゅっと下を向いて一言も発しなかった久美ちゃん。鮮明にその場面が何度も繰り返し出てきて、私を泣きたい気持ちにさせた。

14　れんげ草と桃太郎

今までの人生の中で、この年ほど春が待ち遠しかった年はない。まだ、底冷えのする日が多いのに、庭の草花は次々につぼみをつけはじめていく。私は庭に小さい春の訪れを見つけるたびに体中が歓喜した。チューリップの芽が鳥のくちばしみたいにツンと土から出たのを見つけたときの喜びといったらなかった。緑色の芽が本当に生きていて、動き出しそうに見えて、思わず「わーっ」と歓声をあげてしまった。

中でも一番楽しみにしていたのは、庭の半分にまいたれんげ草だ。昔はどこの田んぼも春には一面のレンゲ畑になって、桜の花が散った後も春を感じさせてくれていたものだ。小学生の頃、どこまでも続くれんげ草の中を真っ赤なランドセルを背負って歩くと、なんとも言えない誇らしさと幸せで胸がいっぱいになって、私は思い切り息を吸って、「わーい」と叫んで走りたくなった。今では肥料のおかげとかで、いつの頃からか全くと言っていいほどレンゲ畑を見かけなくなってしまったが、私はあのときの自由な解き放たれた気持ちに、もう一度なりたくて、どうしてもれんげ草が見たくなったのだ。

実はレンゲ畑を今以上に強烈に見たくなったことが、前にも一度だけあった。

高校三年生の春。親の離婚問題は佳境に入り、裁判の勝敗は五分五分で、万が一負ければ母は仕事を失うという一番不安な時期だった。母が負けると私たちは生計を立てられなくなり、そうなれば私も働くしかない。私は勉強が手につかなくなっていた。どうせ勉強したって大学には行けないかもしれないのだ。私より勉強に興味のない子たちは大学に行けるのに、本当に勉強を続けたい私は行けない。親のあれこれに巻き込まれて自分のせいじゃないのに、私はいつも精一杯やってるのに、親の事情で報われない。そんなふうに考えると何もかも嫌になって、ほっぽりだしたくなっていた。

勉強の合間をやりくりして作ったご飯には相変わらず文句ばかり言われるし、トップクラスの成績でも親がもめて大学にも行けない。いくらやったって親に壊されるなら、頑張るなんてあほみたいに思えた。この頃のテストの結果は散々だった。

担任に呼ばれても無視して、さっさと帰る毎日。もう、自分は腐ろうとやけになっていた。すべてが馬鹿らしく思えるのだ。明日どうなるかわからない、何が起こるかわからない生活なんて、もうぶっ壊れればいい。私がいい子になろうが、悪い子になろうが、泣こうが、「死にたい」と叫ぼうが、何も変わらない。何もかも私の努力の世界の外の話なのに、私の人生にはしっかり影響してくる。私はこの頃もう力尽きてしまって、何と言えばいいかわからないが、乗り越える気力をなくしていた。

そのとき、たまたまゴールデンウイークに何ヵ月も前に申し込んでいた模試を受けに行くことになっていた。友だちに勧められてなんとなく申し込んでしまったもので、「○△大学合否判定模試」なんて笑っちゃうよと思ったけれど、お金も払っていたし、もったいないので、とりあえず受けに行くことにした。会場は和歌山県の大学で、家からは一時間以上もかかる場所。家にいるのもうっとうしかったし、遠足気分でいい息抜きになればいいと思った。

どうでもいいと思っていたから、試験自体はあまり考えることもなく自由にのびのびと答案が書けた。勉強なんかこの一ヵ月まともにやっていなかったから、数式が別世界の物のように新鮮で、不思議な感覚だったのを覚えている。

模試が終わったのは夕方の割合早い時間で、帰りの電車は行きとは違ってがらがらにすいていた。私は日のあたらないシートを選んで広々と座り、外の流れる景色を何も考えることもなくぼんやりと眺めていた。和歌山の線路は山の中を行く。鉄橋に差しかかると紀ノ川に太陽が反射してきらきら光って目が開けられないくらいまぶしい。山の木々の間から夕日がそこここから差し込んできているのだ。山の切れ目に差しかかったとき、空をばら色に染めて、大きな、大きな夕日が現れた。

そのとき、私の記憶の扉が突然開いた。

「つんぶく　かんぶく　つんぶく　かんぶく　桃はながれてきました　なんともかとも　おいしいももでした……」

昔父に読んでもらった「ももたろう」（福音館書店）の一節が、ハッキリと聞こえてきたのだ。でっかい夕日とばら色の空、大きな山々が私の記憶から「ももたろう」を引っ張り出した。赤羽末吉さんの特徴のあるあの「ももたろう」の絵がハッキリと思い出せた。もう、絵本なんて家には一冊もなく、あの本を見ていたのは十年以上も前のことなのに。

「つんぶく　かんぶく　つんぶく　かんぶく　いっぱい食べたら一杯分　二杯食べたら二杯分　ももたろうは大きくなりました」

電車の動く音にのせて、このリズムが体の中から途切れずに出てくる。目の前にはいつまでも、いつまでも、大きな夕日が欠けることなくそこにいてくれた。

思わず「きれいやな」とことばに出すと、涙が止まらなくなってしまった。それから、「美しいな」と感じることを忘れて何年くらい経ったろうと考えた。中学からもう大変だった。学校では馬鹿騒ぎし、家ではいつ家庭が壊れるかわからない緊張でいっぱいで、何とか高校に入ったら今度は裁判だ。美しいものを感じることなんてできなかった。家の中は汚いことでいっぱいで、感受性を差し出してしまったら、まともに自分を守って生きられなかった。

だけど、私はこのときはっきりと、「美しいもの」を感じる心を思い出した。小さいとき、レンゲ畑を美しいと思って歩いたじゃない。オレンジに光るみかんの中でかくれんぼしたじゃない。「ももたろう」を読んでもらったとき、私は確かにお話の中に住んだんだ。みなしごの桃太郎が犬やサルと雉と船に乗って鬼が島に渡った場面がありありと浮かぶ。今、目の前にある夕日と絵本の中の夕日が私の中でつながって、時間を超えて瞬時に私を子どもの頃の私に戻してくれた。私は絵本の中で暮らした記憶と現実がこんなふうにつながることに圧倒されて、しばらく呆然としていた。

小さいときの自分は、自然やお話の中でたくましく生きていた。そのときの感覚が体の中から湧き上がってきた。幼い頃に育ててもらった場所から生きる力がもりもりと湧いてきた。私、大丈夫や。まだ頑張れる。たくましい子どもの頃の心が十八の心と重なって、そう感じることができた。

その日帰ってすぐ自転車に乗り、昔レンゲ畑だった場所にまっすぐ走っていった。もう、レンゲ畑が見たくて見たくてたまらなかった。だけど残念ながらもうそこにはレンゲ畑はなかった。ただの茶色い畑があるだけ。諦めきれず、他の場所も記憶を頼りに探しに行ったが結果はどこも同じ。あの広々としたレンゲ畑はどこにもなかった。

気落ちして家に帰る途中本屋に寄った。「ももたろう」があった。「ぐりとぐら」も「おさるのジョージ」もいた。私はその場に座り込んで何冊も絵本を読み続けた。たくましい子どもの私が蘇ってくるようだった。大きなカステラを作るぐりとぐらや、鍋のスパゲッティを手づかみで食べるジョージを見て、気持ちは幼い私の世界は現実の中だけにあったんじゃなかったことを思い出した。絵本の記憶は擦り切れた私をどんどん正気に戻し、なぜか私は自分のことがとても大切だと感じた。絵本と共にいると、なぜだかそんな気持ちになれた。

その日は「ももたろう」だけを買って帰り、自分の部屋のいつも目に入るところに飾った。表紙の中の凛とした涼しい目のももたろうは、離婚調停に駆り出され、先の見えない私をしっかり支えて見守ってくれた。

あのとき以来れんげ草を見かけることはなく、もう私の記憶かられんげ草は消えてしまっていた。それが突然庭のある家に越し、そこにまく種を探しに行ったホームセンターでれんげ草の種を見つけたのだ。その花がこの春に咲く。二十年越しに見たかった花を見ることができるんだ。

それから、この春にはもう一つ忘れてはいけない待ち遠しい一大イベントがある。あのちひろが中学に入学する。かれこれ、私がカウンセリングを受けはじめて八年が経つ。私が楽になるごとに、ちひろの表情も友だち関係も変わっていった。すっかりお姉さんの顔になったちひろの目に暗さや、何かを溜め込んだような表情がないのが嬉しかった。制服を試着したちひろを見たときは、万感の思いがこみあげて、ことばにならなかった。こんな私が母でもしっかりと育ってくれたことに、ただ感謝の気持ちでいっぱいだ。

入学式も無事に終わり、ちひろが中学に慣れはじめた四月も半ば頃、一斉にピンクのレンゲが咲きそろった。飛んでくるミツバチの羽音のブーンという音を聞きながら、私は時間をさかのぼり、畑道を帰る小学生になって、自分を取り戻したくて自転車をかっ飛ばした高校生になって、庭に咲くれんげ草をいつまでも飽くことなく眺めていた。やわらかな光の中で、安心した平和な気分だった。

15 母を許すということ

梅雨も過ぎて、娘が初めての定期テストを終えた頃だった。母から一通の手紙が届いた。宛名は私ではなく『ちひろ様、雄介様』と、子どもたち宛てになっていた。一瞬ドキリとしたが、そのまま子どもたちに渡して開けさせると、中にはお金が入っていた。

手紙には、ちひろへの中学の入学祝いを送らせてもらうということと、雄介にもお小遣いとして使うようにと二人分の金額が書いてある。私については「ママによろしく」とあっただけで何か遠慮めいた感じも受けたが、このときはそのまま返事もせず放っておこうと思った。

最後に友里恵さんに会ったのは一年前にさかのぼる。そのときに、

「いつか、許せるよ。そうなる日が来るから今は安心して怒ってればいいよ。」

と言われた。

「なんで許さないといけないんでしょうか。今まで十分母のことを許してきたと思います。もう死ぬまで嫌いで生きてもいいでしょ。もう、母の葬式にも出ないと言ってるんだからこれでおしまいでいいんですよ。私の心の中で、母は今まで何回も死んでるんです。他人だと思わなければ生きていけない時期が何度もあったんですから。向こうから縁を切ってくださいと言われて、やっと他人になれたんですから。他人は許さんでもいいでしょ。」

そう私は生意気につっぱねた。でも友里恵さんは、このときだけは引いてくれなかった。

「いつか許せるよ。というか、あなた、もう魂は許してんだよ。魂は愛でできてるんだから。許さないで生き続けるのは辛いんだよ。お母さんのために許すんじゃない、まり子さんが楽になるために許すんだよ。まり子さんがまり子さん自身になれば、自然と許せるんだよ。そういう具合に人間て動物

はできてるんだよ。」

このとき、「許す」とか「許せ」とか「愛」だとか聞いてるだけで落ち込んできた。だって今、私は真逆のことをしてるのを自覚している。それでもいいと開き直って生きていく覚悟をしてるときに、この友里恵さんの言ったことは辛かった。このことがきっかけで、二度と「許す」なんて聞きたくなくて、私は友里恵さんのところから遠ざかってしまった。

あれから「許す」ということをどこか心の隅で考えていた。「許す」ってどういうことなんだろう。今まで、「母のことだからしょうがない」と、母の傲慢を嫌々通してきた。これは「許す」ということじゃないんだろうか。また、いつ母の電話が来ても励まして支えなければいけないのだろうか。物を送ってもらって、その引き換えに母の要求をみんな聞かなきゃいけないのか。前と同じには絶対戻りたくない。

許すとしたら納得のいく理由が欲しい。せめて一言詫びてほしかった。私の気持ちを理解することが、母には不可能なのはとっくに諦めがついていた。私が親のことで振り回されて家の犠牲になったことや、いつも「友だち」を優先して子どもをないがしろにしてきたことを、せめて一言「悪かった」と言ってほしかった。

母のことは「目上の他人」だと思っていたし、他人なら各々の人柄やお互いの好みで、一番適度な距離をとっておつきあいするのが理想じゃないか。母のような人とは、もし血がつながっていなければ、私には十年に一度、数時間が限界だと思う。

それにしても、友里恵さんが言っていた、「許す」という状態がわからなかった。しかし、あの電話での対決から二年が経っている。子どもたちに多額のお金を送ってきてくれたお礼も兼ねて「電話でもしてみるか」という気になった。母と話して自分がどんな感じになるか試してみたかったのもある。ここは、やはり礼を欠くわけもいかないし、手紙が着いてからしばらくして、思い切って電話をしてみた。

二年ぶりに話す母は、私が何か話すのが怖いようで、こちらが名を告げると一気にしゃべりまくった。

「ああ、まり子か。ご無沙汰やな。ええねん、何も私は怒ってないから。お前に何を言われても許してるよ。ほんまに、私はなんとも思ってないから。」

しばらく母の話を聞いた後、お金のお礼と子どもの近況だけ話して受話器を置いた。心底げんなりした。腹が立って仕方ない。何が「許してる」や。あんたの言う台詞じゃないじゃない。わかってて気づかないふりをしてるのか、本当にわからないくらい未熟なのか。考えるのもあほらしい、間違いなく後者だろう。「もう、ええわ。やってられん。」これが、二年ぶりに母と話して思ったことだった。

「あの人を、お釈迦様なら許すやろうか。許すって何？　仲良く暮らすこと？　お釈迦さんでもあの人と住んだら喧嘩になるで。」その夜、帰ってきた主人に一部始終を話すと、「さあな、まり子は一緒に暮らしてないんやから、良かったやん。」そう言って、主人はいつもの調子でテレビを見ながら笑っていた。

それから何日かして、マユミちゃんが遊びにきた。今や、マユミちゃんは職場に復帰して訪問看護の仕事をしている。前ほど頻繁に話すこともないが、ときどき、時間ができたら一時間くらい家に寄ってくれ

る。早速、母の話をすると、

「難しいねー。許すって何だろね。だけどさ、全部完璧じゃなくていいじゃん。許せないまりちゃんで全うしたとしても、それはそれだよ。今幸せにやってんだから。ところで、まりちゃん結城さんと最近連絡とってる？　一度、電話して近況報告してさ、『許す』ってなんですかって聞いてみたらいいよ。結城さんなんて言うかね。」

「そうだね、久々に結城さんの声も聞きたいし、電話してみようかな。」

結城さんと最後に会ってから四、五年になるだろうか。あのおじいちゃん先生ならなんて言ってくれるだろう。その夜、私は思い切って結城先生に電話をしてみた。

「おおっ、まり子さん。お元気ですか、あれからどうなりましたか？」

結城さんは、私からの電話をとても喜んで受けてくれて、いろいろと近況を聞いてくれた。私はあれから父と再会したこと、母と喧嘩して縁を切ったこと、自分の家庭はその逆にとても落ち着いて変わったことなどを、順を追って簡単に報告した。そして、今「母を許す」ということを考えているが、先の電話のときのことを思うと、到底無理だということも話した。

「そうですか。そうですね、許すと自分が楽になるんですよ。人間は愛ですからね。許さないのは自分自身じゃないということなんですよ。自分自身でいられないのはしんどいことですからね。誰かを『許さない』っていうのは、本当の自分を縛ることでもあるんですよ。縛られたら窮屈じゃないですか。まあ、そういう許せない時期っていうのも必要だから、今はいいんじゃないんですか。」

結城さんは友里恵さんと同じことを言った。「人間は愛でできている。」

「私、愛じゃなくていいです。しんどくていいからもう母には関わりたくないんです。あの人と関わるくらいなら、悪魔と呼ばれてもいいと思うんです。」

「あはははは。まり子さん面白いこと言いますね。何もお母さんと関わらなくていいんですよ。お母さんの存在が小さくなればいいんです。早く言うと、お母さんなんかどうでもよくなればいいんです。お母さんが謝ろうが、あなたの気持ちをわかってなかろうが『あっそう。別にいいじゃん』なんですよ。『まっいいか』ていうのは、悟りの状態なんですよ。お母さんがまり子さんにとってそういう存在になればいいだけでね。

たとえばね、あなたにとって、どうでもいい人が、あなたの気持ちを理解できなかったら腹が立ちますか？　お母さんだから立つんでしょ？　それだけ、あなたの中でお母さんの存在が大きいってことなんですよ。『お母さんが謝ってくれない』『へえ、それがどうしたの』って気になればいいんですよ。お母さんであなたの気分が左右されなければいいんです。」

「どうすれば、そうなれるんですか？　許そうと思えば思うほど苦しくなって、自分を責めてしまうんですが。」

「時間もいりますがね、三百六十度からお母さんを見ることですよ。あなた、お母さんという存在の一部分しか見てないでしょ。三百六十度お母さんのすべてを知らないんですよ。あなたが知ってるのは、お母さんという人間のほんの一部分なんです。そこだけを見て『許せない』って言ってるだけなんですよ。よその人には違うお母さんに見えてるはずですよ。結局、人間は、それぞれ自分の世界で自分の見たいものを見てるだけなんですからね。あなたが見てるのは、あなたの世界から見たお母さんの一部分なんだって知っていればいいですよ。」

結城さんは以前と全く変わらない結城さんで、私に根気強く「許す」ということを教えてくれた。だけど悲しいかな、未熟な私は「お母さんと関わらなくてもいいんですよ」という一節だけ聞いて、どうやら母を許してもつきあう必要はないらしい、ということしかわからなかった。

確かに、母の生育歴も悲しいものだというのは聞いていた。母は終戦間近の満州で生まれた。戦況が悪化したと聞くとすぐ、家族でさっさと難なく引き揚げ、その上、本土の祖父の大きな工場が、奇跡的に焼けずに残ったため、母の家はかなり裕福だったそうだ。祖母も「私は戦中戦後、白米しか食べたことない」と言っていたから、当時としてはかなり恵まれていたのだろう。

でも、この祖父にお妾さんが何人かいて、そこに腹違いのきょうだいもいたから、家の中は複雑だった。祖母もその寂しさからか派手に遊んでおり、家をほとんど空けていなかったそうだ。金銭面も、裕福なはずなのに、母が自転車やグローブが欲しいと言っても、何も買ってもらえなかったという。お金は祖母の着物と遊興費で消えていたそうだ。そのことを母はよく祖母に恨みがましく言っていた。

祖父が死んだ後、財産分与で祖母と母の財産はすべてなくなってしまい、母は仕方なく高校卒業後、会社に勤め、そこで父と知り合うことになる。

確かに、母も温かい家庭を知らず、幸せではなかった。じゃあ、子どもを虐待してもいいのか、家庭を放棄して許されるのか。

私はしのぶ君のときのことを思った。またあのときと同じ答えを探している。いつもいじめられていたのに、しのぶ君をかばった阿部君のことを思った。「しのぶが悪いのはしのぶだけのせいやない」と言って泣いた阿部君。「家が不幸やからって人を殴ってもいいの」と久美ちゃんに食い下がった私。答えなんかわからない。わからないものはそのままにしておくのが一番だ。ときどき「許す」ってなんだろう?と思い出すものの、私はそのことをだんだん考えなくなっていった。


七月が来て、ちひろの期末テストが終わった。後は夏休みを待つばかり。ちひろはまじめな頑張り屋で、しっかり勉強しそれなりの成績をとってくる。「私、なんでもいいから大学入って文学部に行きたい」と言うようになっていた。小学校のときの夢は「小説家」だったが、今は「編集者」に変わったらしい。期末の結果が返された日、ちひろは「夏休み、塾の夏期講習に行きたいんだけど」と言う。

しっかりどこに行くかも決まっていて、後はお金を振り込むだけになっていた。私は夏期講習の期間の長いこととその金額に驚いた。なんと、中一で二十日間、六万円もかかる。受験生でもないのに二十日も塾とは、と思ったが、本人がやる気になっているのに水をさすこともできない。「いいよ」とにこやかに返事したものの、かなり不安になった。

このまま私は専業主婦でいいのか。このままいくとかなり経済は厳しくなる。再来年、雄介が中学に上がるとなると全部倍かかる。二人の子を高校にちゃんと入れてやれるだろうか。そのとき、ふと

「お母ちゃんも不安やったやろうな。」

そう思った。なんだかんだ言いながら、母は私たち姉妹三人を大学まで卒業させてくれた。私も妹もその間、塾に行ったり家庭教師をつけてもらったりしていたから、大変な金額がかかったろう。私は東京に出たから、生活費も送ってもらっていた。

主人と二人でも、今後の子どもの教育費が不安になる。きっと母は、一人でもっと不安だったろう。大学を卒業したとき、母にしてもらったことに、私はきちんと「ありがとう」と言った。でもそれは、母にしてもらったことの価値に見合う「ありがとう」ではなかった。母の大変さをその重さでわかる大人になって、私は「ありがとう」とまだ言っていない。母のしてくれたことの大きさでちゃんと感謝の気持ちを伝えないと。そのことが急に気になった。善は急げだ。思い立ったのなら、すぐ伝えよう。お互い、明

日どうなるかわからないんだから。私はすぐに電話をした。時間が経てば決心が鈍る。

「あんな、お母ちゃん、ちひろが夏期講習いくねんて。六万やて。中学上がったら急に大きなお金いるようになってびっくりしてん。これ見たとき、私な、お母ちゃん、あのとき私らの学費のこと不安やったやろうなって。一人で不安やったやろうなと思ってん。私なんか主人がいてても心細くなるわ。仕事頑張ってくれてほんまにありがとう。学校出してくれてありがとう。それだけ言いたかったから。」

今度は私ばっかり機関銃みたいに一気にしゃべった。すると母は、

「そんなん、いいねん。私もいろいろ考えてな。私、あんたが泣けへん子やったから強い子やと思って、きつくして悪かったたって思っててん。あんたは弱かったんやな。かわいそうなことしたなと思って。」

母が謝った。生まれて始めて、母が自分が悪かったと認めたのを聞いた。欲を言えば、私は決して弱い子ではなかった。母がひどかったから傷ついたのだ。それを私が弱かったことにして、母が自分のしたことの重さから逃げようとしてるのは納得いかない。

だけどそんなのは、心の中でくすっと笑えるくらいのものだった。こういう謝り方しかできないんだ。

母も年をとったな。私は電話の向こう側の母が小さな老婆にしぼんでしまったように感じた。今まで、私の中で大きな声で言いたい放題、やりたい放題だった母は、電話の向こうでとても小さく、弱い人になっていた。

「ほんまやで。わかってくれたらそれでええねん。私もお礼だけはちゃんとゆうときたかったんや。」

そう言って、私は早々に電話を切った。関係が変わるってこういうことなのかもしれない。母の見え方が変わったとき、あのときしのぶ君をかばった阿部君と久美ちゃんのことが、なんとなくわかった気がした。私は、学校という建物の中の小さな教室の中でしか、しのぶ君を見ていなかった。その中で見たしのぶ君は、大きくて怖い子だった。

阿部君たちは、あの大きな、どこまでも連なるみかん色に輝く山々の中でしのぶ君を見ていた。そこでのしのぶ君は、背負いきれない程に大きな荷物に押しつぶされそうなしのぶ君だった。泣いてかばった阿部君には、きっとそう見えていたんじゃないだろうか。

「三百六十度からその人のこと見てないでしょ。」結城さんはそう言っていた。自分がその人をどの位置から見るかによって、見え方は全く別のものになるのだ。私は自分から見えたものだけがすべてだと思っていた。

「しのぶ、あんとき、ごめんな」

三十年の時間と空間を越えて、私はしのぶ君に謝りたかった。心から悪かったと思った。不思議と体が楽になった。これが「許す」ということなのかどうかはわからないが、「許さないのは自分を縛ること」といった結城さんのことばを思い出した。解き放たれて初めて、今まで自分を縛っていた緊張を感じている。「許さない」は、自分を硬直させる状態みたいだ。無理してるんだ。「許さない」状態は、人間にとって無理をしている状態なんだ。「許さないと辛いんだよ」と言った友里恵さんのことばが、やっと理解できた。体の芯から、ふうわりしたものが一気にかけあがってくるように感じた。

生きてて良かったって思う。体から堅い殻が外れたような気がした。もう、私は昨日の続きの人生から下りることができる。大きな声で、態度で怒鳴っていた母は、私の人生という舞台のどこにもいない。母は小さな、弱い人になってしまった。その小さな弱い人が、子どもの愛し方も知らず、子どもに自分の世話させながら、無茶苦茶になって子どもを三人育てた。パチンコに依存したり、七転八倒して、三人を食べさせ大学を出した。

お母ちゃん、ありがとう

怒りが消えると、過去は霞の向こう側にぼんやり見える夢のようにうつる。どうして、あんなに母にわかってほしかったんだろう。どうして、あんなに母を恨んだんだろう。それは私にとって、母が特別な人だったからだろう。母を愛していたから、わかってほしかったんだ。愛してる人から殴られたから恨んだんだ。私も母にしがみついて思うようにしようとしていた。私のやりかたで愛してほしいと固執していた。

それは、元をたどれば、母を愛していたからなんだ。

愛は行動でしか伝わらないって言うけど、その行動のしかたが人それぞれの世界で違ってしまう。果たして、ちひろと雄介には、私の愛は伝わっているだろうか？

母とは、今後もおそらくわかりあえることはないだろうが、それは、ただ私たちが違う世界の人間どうしだから。親子でも生きる世界が違うのは仕方ないことなんだと学んだ。究極を言えば、自分以外は皆他人なんだから。「親だからわかってくれる」と思うのは「甘え」だと、友里恵さんが言っていた。

もう、母を縛るのをやめようと思った。それは母を「私の思うような母じゃない」と責めるのをやめるということ。甘えるのをやめるということ。そうすることで、お互いが自由になれて尊重できる。

これからは、たとえそれが家族でも、わかりあえないときは「仕方ないわ」と手放し、わかりあえたときはその喜びを暖めながら、新しい人生を生き直そうと思った。

16　エピローグ

長い梅雨も明けた。そろそろ咲き終わって枯れた春の花を片付けないといけない。レンゲは梅雨の間に枯れてしまった。虫食いだらけになったパンジー、ビオラ等も一緒にどんどん抜いていくと、ゴミ袋二袋分にもなった。

抜いた後、土を鍬でならしていると、ちひろも庭に出てきた。

「ねえ、ねえ晩ごはん六時までにできる？　今日から塾なんだけど。」

「これがすんだらすぐ作るから。間に合うよ。」私は顔も上げず、手も休めることなく返事だけした。

「私、大丈夫かな？　誰も知らないし、正規の塾生以外で夏期講習受けるの私だけなんだよね。」

「ちいちゃんだったら大丈夫。絶対大丈夫。」

「なんでわかるの？　適当に言ってるでしょ？」

不安なのか、ちひろは何度も同じことを聞いてくる。

「ママだからわかる。なんかわかんないけど、ちひろは大丈夫って自信がある。根拠のない自信が本物なんだよ。」

私は何度も何度もちひろが安心するまで、笑って「大丈夫」と言い続けた。

私もこれが、心から言えるようになったか……。何年か前まで子どもに「大丈夫だよ」が言えなかった……。出てくることばは「大丈夫なの？」ばかり。私は自分に自信がなかったんだ。

思えば私にとって子育ては、幸せへの一本道だった。ただ子どもを肯定して、受け入れて育ててやりたかっただけだった。ところが、私は思いとは逆に「ああしなさい」「こうなってちょうだい」「どうして、こうしてくれないの」と怒鳴り続けていた。子どもを受け入れるどころか、子どもに自分を受け入れさせようとしていたのだ。気づいていても、いざという場面になると不安や苛立ちで自分の気持ちを押し付けてしまう。三十の大人が二歳にならない子どもにだ。そんな自分が情けなくて、子どもといるとどんどん自分が嫌いになっていった。とにかく自分が苦しくて、「どうしたら子どもを丸ごと受け入れられますか?」と人を探して聞いて歩いたことが、そもそもの始まりだった。

たくさんの人(著書も含む)からその時々に大切なことを教えてもらったが、どうしても最終的な感情のコントロールができない。「失敗したときは叱ってはダメ」「わがまま言える子がいい子」。そんなたくさんの知恵は頭に入っても、感情が高まると何の役にも立たないのだ。

それで、私は「どうすれば感情を抑えて子どもにやさしく接することができるのだろう」と考えないといけなくなった。人を探して聞いて歩き、本を探して読みあさった。そうすると、だんだん私が子どもに「何をどうするか」ということより、私が「どう幸せに生きるか」が大切だと、子どもを丸ごと受け入れることができるには私が私を丸ごと受け入れないといけないとわかってきた。私が自分につけてるバッテンの分だけ、子どもや周りにバッテンをつけていた。そのバッテンがなくなれば、自然と子どもにもバッテンをつけなくなれる。自分自身が幸せにならないといけなかった。

カウンセリングでは絶望と怒りの涙をぼろぼろ流し、絶縁していた父と会い、母との修羅場もくぐった。起こったことのすべてが決して褒められたものじゃないだろうが、何一つ後悔するところがないのだけは確かだ。何一つ欠けても、今の安らぎには至らなかったと思う。不思議だけれど、一つひとつの出来事がつながっていて引っ張られていったような感じがする。

私は、それまで幸せはすべてが「正しいもの」になれば訪れると思ってた。だけど、それは間違いだと気づいた。私の「いい」と思うことと家族が「いい」と思うこととは違うということが、全くわかっていなかったのだ。

結城さんが、こう言った。「正義ほどあやふやなものは無いんですよ、正しさは時間と場所で変わるんですからね。戦争で人を殺せば英雄でしょ、平時なら犯罪じゃない。あなたと周りの人が調和するのが最高の選択でね、自分だけが信じる正しさはあまり調和に役立たないんですよ。だって、みんな生きる世界が違えば、正しさだって愛の形だって違うんだから。」

このことをいつも大切にしていたい。

あとがき

「どうして、子どもと一緒にいることが苦痛なんだろう。なんで、子どもに甘えられると腹が立つのだろう。」

この疑問が始まりでした。

子どもが膝に乗ってきたり、「抱っこ」と甘えてくるときに、一瞬ですが身が引けるのです。何か、不快なものを触ろうとするときの、あの感じに似ていました。

わが子にそんな思いを抱いてしまう自分が恐ろしく、おぞましく思えました。その感じは一瞬で、すぐに打ち消して抱っこできたのですが、子どもと自分の間に、何なのかわかりませんが、何か余計な空気があると感じていました。その正体がなんなのか、どうしてそんなものがあるのか、わかりませんでした。

娘は現在十四歳になりました。あれから十四年も経ったのかと、月日の経つ早さには驚かされるばかりです。

ピンクのほっぺたの可愛い赤ちゃん。あのときあんなに可愛かったのに、どうして娘の世話があんなに辛く感じてしまったのかと、未だに後悔の気持ちに襲われることがあります。

私は子どもが大好きで、高校生の頃から近所の子供たちに勉強を教えたり面倒を見たりしていました。なので、自分の子はどんなに可愛いだろうと、それは楽しみにしていたのです。それなのにできなかったのです。「このままでは、この子がかわいそう。何とかしてやりたい」、そう思って訪ね歩いた道は、私と母との関係の見直しをする道でした。

最終的に、その過程で何よりも辛かったのは、「虐待されていた自分」に気づいたことではなく、母との関係をぶち壊した後の自分の中の葛藤でした。

私は間違っているのではないか、情け知らずなのではないか、そう毎日のように責めていました。母に私の真実をぶつけたときは覚悟の上だったのに、後になって、毎日のように、もう一人の私が体の中から自分のしたことを責め続けたのです。

あの母を許せない自分がいけない、生んでくれただけで親は敬わないといけないというのが社会通念なのに、そう思えない自分は未熟なんだ、ダメなんだ。

だけど、母のしていることは許せるものではない。「許せない」と感じている自分の心を説き伏せるのはもっと嫌。

毎日、この葛藤で心はふさがれていました。

私は母に「わかってほしい」という気持ちでいっぱいでした。母に「お前は、冷たい」と言うことは、私を傷つけることなんだと知ってほしい。「頭のいい子は心が冷たい」と言うのは一方的な見方なんだと知ってほしい。

今までは、「そうかもね」と、争わないよう合わせて、私が自分勝手な人間ということですませていました。そうして母の気持ちを傷つけないことが母を許すということなのだとしたら、これからは、もう、それはできないと思っていたのです。

この葛藤の期間が一番辛い時期でした。自分の価値観を手放せないまま相手の価値観と争っていては、終わりはありません。いつまでも、自分の「正しさ」を相手に受け入れさせようとしていました。

私と母の正しいことは違ったのです。母は母の正しさの中で生きてきました。会社を経営し、子ども三人を大学卒業させたのです。母はその価値観で立派に生きたのです。そのことに、随分経ってから気がつきました。

そして、私の価値観も母に合わせなくていいことにも、やっと気づきました。私は私のまま生きる。それで相手と傷つけあうならば、会わなければいいのです。母は母のままでいいということが、私の母への愛情だと思いました。

思いがけず母から「悪かった」ということばを聞いたときは驚きました。その後に続いたのは私の悪口でしたが、腹は立ちませんでした。「わかってない」と怒らない自分が不思議なくらいでした。

母が私をわかっていない分、きっと私も母をわかっていないのです。どちらが正しいというのはなく、どの価値観で生きるのが生きやすいかという選択だけだったのです。

佐々木正美先生がご著書『抱きしめよう、わが子のぜんぶ』（大和出版）の中で、乳幼児を育てるにあたっては、子どもに「あなたのままでいいんだよ。そのままでいいんだよ。そう言ってあげることが親の愛情なんですよ」と繰り返し言っておられます。これは幼児に対する大人の姿勢を教えてくださっているのですが、すべての人間関係にあてはまるように思います。私にはこの視点が全くかけていました。

未だに母は「勉強ができると心が冷たくなる。お前は失敗した。下の妹が一番やさしい」と言います。

内田先生のお話の中に出てくるWさんの親子関係を、半ばうらやましい気持ちで読ませていただきました。ただ、以前と違うのは、私の中に悲しみがわき起こらないことです。そして、きちんと「お母ちゃん、そういうことばは傷つくわ」と言うことにしています。何回言っても、電話のたびに呪文のように飛び出すのですが。


母を受け入れることを悩んだおかげで、子どもたちのことを違う目で見られるようになったことは大きな収穫でした。

「どうしても、できないこともあるんだよ。できないこととできることとは、自分で決めればいいよ」と言う自分がいました。

そして、自分にも他人にも、「どうしてわからないの。できないの」と言う「無理やり変われ」という自分がいなくなりました。

親から与えられなくとも、周囲の人の温もりを感じることができたなら、人にも伝えることができるようになるようです。自分を本当にわかってくれる人が一人いてくれるだけでいいのです。人から受け入れられた喜びは、ストーブの火のように心を暖めて、勝手に周りに伝わっていくようです。そして、その温もりは、また、自分を暖めてくれます。

今思春期を迎えた子どもたち。やりたいことがいっぱいで目がきらきらしています。娘と同じ年で家を抜け出して死ぬことばかり考えていた女の子は、どこにもいません。

子どもたちは、私の思春期とはまるで違う思春期を迎えているようです。

母とのことが一区切りついたとき、これまでのことをまとめてみようと思って書いたのが「れんげ草の庭」です。

私を助けてくれた人たちのことばは、きっと誰かの役に立つのではと思ったのと、一つの人生で人は生き直すことができることを、必要な人に知ってほしいと思いました。

迷路にはまり込んで、「やはり、ダメかもしれない。私も親と同じ親になるのかもしれない」と悩んだ時期に、「負の連鎖は断ち切れるんです」という話を、どれだけ聞きたかったか。

書きはじめてみると、12節までは一息に書けたのに、その後がどうしても続きませんでした。母とは和解していましたし、最後の場面も決まっていたのに、どうしてもその間が書けないのです。

「自分に無理をさせない」という勝手な方針だったので、しばらく放っていました。そのとき、どんなふうに心に変化があったかを覚えていればいいのですが、残念ながら当時の記憶がありません。

ただ、何をしていても、目の前に「しのぶ君」が出てきたのです。どうして、二十年以上も前の話が目の前に来るのかわかりませんでした。テレビを見ていても、本を読んでいても、目の前に「しのぶ君」が出てきて、不便になったので、しのぶ君の話を書こうと思いました。

書いていると、母との関係で悩んだ問題を、このときももっていたことに気がついて驚いたのを覚えています。

自分の正しさと人の正しさは違うということ。一つの場面、人間には幾通りもの見方があって、価値観は決して一つではないということ。これらのことが、私にはわからなかったのです。

当時は幼かったので、「なんで、しのぶを、かばうの。しのぶは悪い子に決まってるじゃない。」とかなり憤っていました。自分の意見といつも親しい友だちの意見が食い違ったのが、腹立たしくて仕方なかったのです。

母を受け入れた目でもう一度、このときの事件を眺めてみました。そうすると自然に「しのぶ、ごめんな」と口からこぼれたのです。

この場面を、13節に入れることにしました。そうすると、昔の自分の絵本体験を書きたくなり、14節を入れました。

どうして、そういう心理になったか、もし時間をとっていただければ、内田先生に検証していただけないかと、勝手ですが、思っています。

そして、ようやく目の前の娘の姿を書き、物語は終わることができました。

その書いたもののおかげで、内田先生から、このような機会をいただいたことは、まさに青天の霹靂《へきれき》でした。先生にはお礼のことばも見つからないほど感謝の気持ちでいっぱいです。

昨年、母校同窓会新聞の「子供は変わる　大人も変わる」という一文。さらにその横には副題として「最初の親子関係だけが人生の決定因ではありませんとあるではないですか。

「こんなことを言ってくれる先生がおられるんだ」と驚きました。今まで、たくさんの人にお会いしたり、ご本を読みましたが、最初の親子関係から逃れることができるという明言には、未だ出会うことができていませんでした。

Fちゃんたちの講演を伺う中で、彼らの永久歯の歯牙細胞がないことに言及する場面がありました。歯科医は「乳歯が抜けてしまった後、彼らは一生入れ歯で生きることになる」と言ったとのこと。ですが、何年か後、彼らの永久歯は見事に生えたのです。

そのとき、話をされている先生の声が涙声になりました。先生はそのときの安堵と喜びを思い出されて、再び涙ぐまれていたのです。

「ああ、こんな気持ちでFちゃんたちに寄り添われておられたんだ。なんて彼らは幸せなんだろう。こんな気持ちの大人がそばで見守っていて、彼らが生き直せないわけがない」

その温かな人のつながりを感じ、感動し、私も思わず涙してしまいました。

原稿は持ってきていたものの、お渡ししたらいいかどうか最後の瞬間まで迷いました。どうして持っていったのか、今もよくわかりません。最後に「エイ、ヤッ」の気持ちでお渡しして、逃げるように帰途につきました。

先生はその講演会で、何度も人の生き直しには愛着の結び直しが必要とお話しされておられました。帰りの地下鉄の中、走馬灯のように、いろんな方々の顔が目に浮かびました。小さいときご飯を届けてくれたおばちゃん、友だち、マユミちゃん、亜紀ちゃん、主人、子どもたち。改めて自分は大丈夫なんだと確信が生まれました。

負の連鎖を断ち切るために何が大切だと思いますか？と聞かれることがあれば、私は迷わず、「周りの方々との温かい人間関係」と言うと思います。

その温かい人間関係はまず、自分が目の前の人を大切に思うことから始まります。そして、その目の前の人がどうすれば幸せになるか、幸せで元気いっぱいの笑顔になるかを真剣に考えます。自分の「相手に良かれ」を決して押し付けてはいけません。自分の快と相手の快は根本的に違うことを肝に銘じておかないと、相手を支配して傷つけてしまいます。これで私は大失敗して、何よりも不幸になりました。

誰かを「大切にしたい」と思って生まれる行動からは、自分を大切にしてくれる人間関係が次々に生まれてきます。

私は子どもを持つことで、親からもらえなかった愛情を取り戻すことができました。二人の子どもたちが、私にセカンドチャンスをくれたのです。

よくぞ、私のもとにこの子たちが生まれてきてくれました。私は彼らを心から愛しています。そして、私は愛されています。

見上まり子

＊＊＊

目の前の子どもが成長していく姿にたちあえるのは何よりも嬉しく、幸せなことです。子どもを教え育てること（教育）は、子どもも自分も共に育つ営み（共育）であり、子育ては親ひとりの責任ではなく、保育者や社会の人々が協力して育てる営み（協育）なのです。子育てという営みを「教育⇕共育⇕協育」ととらえ、子育てを楽しんでいただきたいと思います。一番幼い子どもに向かって、自分の怒りを爆発させ、子どもに手をかけてしまう親、虐待しているという自覚がないままに虐待してしまう親に、それを断ち切る方法のヒントになればと考えて、読者の皆さまにこの小著をお届けしたいと思います。

この本づくりを通して、互いに、素晴らしい女性と知り合えたこと、そして、生涯の友となれたことに感謝しつつ、「あとがき」とさせていただきます。

最後になりましたが、この本をつくる上で細やかに助けてくださいました新曜社社長の塩浦暲さんに心から感謝申し上げます。

二〇一〇年三月十五日

内田伸子
見上まり子

注

第1章

[1] 庄司順一 (1992).「小児虐待」『小児保健研究』51、341 - 350.

[2] Miller, A. (1980). Am Anfang war Erziehung. Suhrkamp, Frankfurt/Main. [山下公子 (訳) (1983)。『魂の殺人 ── 親は子どもに何をしたか』新曜社.

[3] 図1 - 3：心理社会的な問題が原因でからだが成長しないので「心理社会的侏儒症」(psycho-social dwarfism) との診断を受けた事例です。
Hopwood, N. J., & Becker, D. J. (1980). Psychological Dwarfism: Detection, evaluation, and management. In C. H. Kemp, A. W. Franklin, & C. Cooper (Eds.), The abused child in the family and in the community. Vol.I, N.Y.: Pergmon Press.

[4] 斎藤學 (2003).「虐待する親とはどういう人たちか」『子どもの虐待とネグレクト』*5*(1), 98 - 105.
大脳辺縁系の扁桃体や海馬は2章の図2 - 5を参照されたい。

[5] 英語では、maternal deprivation と言います。

[6] 内田伸子 (1999).『発達心理学 ── ことばの獲得と教育』岩波書店.

[7] Mason, M. K. (1942). Learning to speak after six and one-half years of silence. Journal of Speech Disorders, 7, 295 - 304.

[8] Koluchova, J. (1972). Severe deprivation in twins: A case study. Journal of Child Psychology and Psychiatry, 13, 107 - 114.

[9] Koluchova, J. (1976). The further development of twins after severe and prolonged deprivation; A second report. Journal of Child Psychology and Psychiatry, 17, 181 - 188.

[10] Davis, K. (1940). Extreme social isolation of a child. American Journal of Sociology, 45, 554 - 565.

[11] Davis, K. (1947). Final note on a case of extreme isolation. American Journal of Sociology, 52, 432 - 437.

[12] Freedman, D. A. & Brown, S. L. (1968). On the fole of coensethetic

stimulation in the development of psychic structure. Psychoanalytic Quarterly, 37, 418 – 438.

[13] Curtiss, S., Fromkin, V., Krashen, S., Rigler, D., & Riger, M. (1974). The linguistic development of Genie. Language, 50, 528 – 554.

[14] Fromkin, V., Krashen, S., Curtiss, S., Rigler, D., & Rigler, M. (1974). The development of language of Genie; A Case of language acquisition beyond the "critical period". Brain and Language, 1, 81 – 107.

[15] Curtiss, S. (1977). Genie: A psycholinguistic study of a modern-day "Wild Child". N.Y.: Academic Press.

[16] 同上。

[17] 藤永保・斎賀久敬・春日喬・内田伸子 (1987).『人間発達と初期環境 ── 初期環境の貧困に基づく発達遅滞児の長期追跡研究』有斐閣.

第2章

[1] 藤永保・斎賀久敬・春日喬・内田伸子 (1987).『人間発達と初期環境 ── 初期環境の貧困に基づく発達遅滞児の長期追跡研究』有斐閣.

[2] 英語で、neonate と言います.

[3] K. ローレンツ／日高敏隆 (訳) (1998).『ソロモンの指環 ── 動物行動学入門』ハヤカワ文庫.

[4] Ainsworth, M. D. S. et al. (1978). Patterns of attachment: A psychological study of the starange situation. N.Y.: Lawrence Erlbaum Associates.

[5] 「コミュニケーション・ルーチン」とは、社会的やり取りの決まりきった手順を指します。Bower, T. G. R. (1977). A primer of infant development. Freeman. [岡本夏木・野村庄吾・岩田純一・伊藤典子 (訳) (1980).『乳児期 ── 可能性を生きる』ミネルヴァ書房.]

[6] 情報処理には図形を直感的に全体を把握する「同時処理」とことばを逐次処理して行く「時系列処理」の二つのタイプがあります。チンパンジーなどは同時処理に長けていますが、人間は時系列処理に長けています。人間は言語をもつようになり、同時処理に替わって時系列処理をもっぱら使うようになったのではないかと推測されます。FとMは動作性知能には遅れが見られないばかりか、イギリスで開発された「プログレッシブ・マトリックステスト」の偏差値はイギリスの規準でみると、優秀児の範囲に入っています。しかし、言語性知能は遅滞児レベルでした。短期記憶のスパン（情報処理の

容量のこと）は４歳児レベルに留まっていました。この知能のアンバランスは、二人の情報処理のスタイルと情報処理容量の両方から説明できると思います。言語獲得が始まったのは、Ｍが５歳、Ｆは６歳からでしたから、言語をもつまでは、短期記憶のスパンが小さくても対応できる同時処理をもっぱら使って外界からの情報を処理していたのかもしれません。言語を獲得するようになると時系列処理も発達させるようになったと思われますが、大脳辺縁系の海馬（記憶を司り、情報を記憶貯蔵庫に転送する働きがあるところ）の成熟期に栄養が与えられなかったことが深刻なダメージを与えて、記憶スパンは４歳児レベルに留まってしまったのかもしれません。ふたりの知能の特徴からは、後からでも回復される部分と一定の時期を過ぎるともはや取り戻せない部分があることがうかがわれます。記憶を司る大脳辺縁系には臨界期があるのかもしれません。

［７］ 内田伸子（1987）.

［８］ 内田伸子（2008）.『幼児心理学への招待 —— 子どもの世界づくり』サイエンス社.

［９］ 斎藤學（2003）.「虐待する親とはどういう人たちか」『子どもの虐待とネグレクト』 5(1), 98 - 105.

［10］ 内田伸子（1999）.『発達心理学 —— ことばの獲得と教育』岩波書店.

［11］ Lenneberg, E. H. (1967). Biological foundations of language. N.Y.: John Wiley. ［佐藤方哉・神尾昭雄（訳）（1974）.『言語の生物学的基礎』大修館書店.］

［12］ Rutter, M. (1979). Maternal deprivation, 1972—1978; New findings, new concepts, new approaches. Child Development, 50, 283 - 305. 脆弱性は、英語で vulnerability と言います。

［13］ Geschwind, N., & Galaburda, A. M. (1987). Cerebral lateralization: Biological mechanisms, associations, and pathology. Cambridge, Massachusetts: The MIT Press. ［品川嘉也（訳）（1990）.『右脳と左脳 —— 天才はなぜ男に多いか』東京化学同人.］

［14］ 向井美穂（2003）.「社会的参照の発生メカニズム —— 個人差『人指向』・『物指向』の検討」『お茶の水女子大学人間文化論叢』 6, 83 - 93.

［15］ 英語で、social referencing と言います。

［16］ 「物語型」の子ども・「図鑑型」の子ども；内田伸子・向井美穂（2008）。「赤ちゃんが環境変化に気づくとき —— お母さんへの問いあわせ」内田伸子

(編)『よくわかる乳幼児心理学』ミネルヴァ書房.
[17] 「感情表現的」子ども・「名称指示的」子ども；Nelson, K. (1981). Individual differences in language development: Implications for development and language. Developmental Psychology, 17, 170 – 187.
[18] Bowlby, J. (1969). Attachment and loss, Vol.1 Attachment. London: Basic Books. [黒田実郎ほか（訳）(1976).『母子関係の理論』1、『愛着行動』岩崎学術出版社（改訂増補版、1991).]
[19] Gogtay, N., Giedd, J. N., Lusk, L., Hayashi, K. M., Greenstein, D., Vaituzis, A. C., Nugent, T. F. 3rd, Herman, D. H., Clasen, L. S., Toga, A. W., Rapoport, J. L., & Thompson, P. M. (2004). Dynamic mapping of human cortical development during childhood through early adulthood. Proceedings of National Academy of Science, 101 (21), 8174 – 8179.
[20] 久徳重盛 (1979).『母原病──母親が原因でふえる子どもの異常』サンマーク出版.
[21] 内田伸子 (2008).『子育てに「もう遅い」はありません』成美堂出版.

第3章

[1] Olson, D. R. (1977). From utterance to text: The bias of langage in speech and writing. Harvard Educational Review, 47, 257 – 281.
[2] Greenfield, P. (1966). On culture equivalence. In J. Bruner, R. Olver, & P. Greenfield (Eds.), Studies in cognitive growth. New York: Wiley.
[3] Greenfield, P. (1972). Oral or written language: The consequences for cognitive development in Africa, the United States and England. Language and Speech, 15, 159 – 178.
[4] Greenfield, P., & Bruner, J. (1966). Culture and cognitive growth. International Journal of Psychology, 1, 89 – 107.
[5] カルロ・M・チポラ　佐田玄治（訳）(1983).『読み書きの社会史──文盲から文明へ』御茶の水書房.
[6] ヴィゴツキー／柴田義松（訳）(1962).『思考と言語』明治図書出版.
[7] Luria, A. R. (1974). Cognitive development: Its cultural and social foundations. Harvard: Harvard University Press. 森岡修一（訳）(1976).『認識の史的発達』明治図書出版.
[8] Cole, M. & Scribner, S. (1974). Culture and thought: A psychological

instruction. New York: Wiley.
[9] Scribner, S., & Cole, M. (1978). Literacy without schooling: Testing for intellectual effects. Harvard Educational Review, 48, 448 - 461.
[10] Scribner, S., & Cole, M. (1981). The psychology of literacy. Harvard University Press.
[11] 英語で、contextualization と言います。
[12] [5]と同じ。
[13] 内田伸子 (1989).「子どもの推敲方略の発達 ── 作文における自己内対話の過程」『お茶の水女子大学人文科学紀要』42、75 - 104.
[14] 「発話思考法」は英語で think-aloud protocol method と言います。この方法は頭の中の考えを推測するために使われる研究方法です。被験者には、作文を書く過程で頭に浮かんだ考えをすべて口に出して話すよう求めます。書きながら話すのは難しいのですが、文章題を解いたり、絵の説明文を書くなどの課題で訓練し、話しながら考えることができるようになってから、実験に協力してもらいます。
[15] ヴィゴツキー/柴田義松 (訳) (1962).『思考と言語』明治図書出版.
[16] ヴィゴツキー, 同上書.
[17] 内田伸子 (1990).『子どもの文章 ── 書くこと・考えること』東京大学出版会.
[18] ツイッター (Twitter) とは、ユーザー登録をした会員が「ツイート (つぶやき)」を投稿することで、会員同士のゆるいつながりが発生するコミュニケーション・サービスのこと。「今、何をしてる？」をひたすら更新 (発言) していく単純な Web サービスである。

第4章

[1] V. E. フランクル/霜山徳爾 (訳) (1961).『夜と霧 ── ドイツ強制収容所の体験記録』みすず書房.
[2] 「実存分析 (Rogo-Therapy)」とは精神科医のヴィクトール・フランクルが創始した精神治療法のことです。精神 (ロゴス) は、普通理性と訳されますが、フランクルの実存分析療法では「実存」と翻訳されます。また、「分析」は、人間に本来備わっている意味を求める努力に焦点をあてて理解する方法を指しています。フランクルは、フロイトの業績を継承し、発展させたことでよく知られています。フロイトやアドラーは人間と動物に共通す

る「動物性」「衝動性」（リビドー）を核に精神分析療法を開発しましたが、フランクルは、人間に特有の「精神（ロゴス）」を重視し、ロゴテラピーを創始して精神分析の第三ウィーン学派と呼ばれるようになりました。

[3] 遠藤　誉（1984).『卡子《チャーズ》 ── 出口なき大地　1948年満州の夜と霧』読売新聞社.

[4] 遠藤　誉（1990).『卡子《チャーズ》』上・下、文春文庫.

[5] 遠藤　誉（2008).『中国動漫新人類 ── 日本のアニメと漫画が中国を動かす』日経BP社.

[6] V. E. フランクル[1]に同じ。

[7] 「メタ的想像力」:「メタ」とは「超える」という意味。「メタ的想像力」とは想像力を働かせて描き出したイメージを意識化・対象化し、評価して、そのイメージ構成の軌道を修正する働きを指している。

内田伸子（1994).『想像力 ── 創造の泉をさぐる』講談社現代新書.

[8] V. E. フランクル／山田邦男・松田美佳（訳）(1993).『それでも人生にイエスと言う』春秋社.

[9] V. E. フランクル[1]に同じ。

[10] 高橋秀元（1988).「幻想的時空間と物語構造 ── 世界観共有装置としての物語」清水博（監修）『解釈の冒険』NTT出版.

[11] 村上春樹（2009).『1Q84』新潮社.

[12] 内田伸子（1994).注［7］の文献に同じ。

著者紹介

内田伸子（うちだ・のぶこ）

お茶の水女子大学大学院教授・学術博士。専門は，発達心理学・認知心理学。最新の著書に，『よくわかる乳幼児心理学』（ミネルヴァ書房，編著，2008），『子育てに「もう遅い」はありません』（成美堂出版，2008），『幼児心理学への招待―子どもの世界づくり』（サイエンス社，2008）などがある。

見上まりこ（みかみ・まりこ）

お茶の水女子大学卒業。主婦。

新曜社

虐待をこえて，生きる
負の連鎖を断ち切る力

初版第1刷発行　2010年4月15日©

著　者　内田　伸子
　　　　見上まりこ
発行者　塩浦　暲
発行所　株式会社　新曜社
〒101-0051　東京都千代田区神田神保町2-10
電話(03)3264-4973・FAX(03)3239-2958
e-mail：info@shin-yo-sha.co.jp
URL：http://www.shin-yo-sha.co.jp/

印刷　三協印刷　Printed in Japan
製本　イマキ製本所
ISBN978-4-7885-1198-9　C1011

新曜社の本

親になれない親たち
子ども時代の原体験と、親発達の準備教育
斎藤嘉孝
四六判208頁
本体1900円

往復書簡・学校を語りなおす
「学び、遊び、逸れていく」ために
伊藤哲司・山崎一希
四六判256頁
本体2200円

子どもが忌避される時代
なぜ子どもは生まれにくくなったのか
本田和子
四六判322頁
本体2800円

家族というストレス
家族心理士のすすめ
岡堂哲雄
四六判248頁
本体1900円

親と子の発達心理学
縦断研究法のエッセンス
岡本依子・菅野幸恵編
A5判272頁
本体2600円

子育て支援に活きる心理学
実践のための基礎知識
繁多　進編
A5判216頁
本体2400円

子どもの養育に心理学がいえること
発達と家族環境
H・R・シャファー
無藤隆・佐藤恵理子訳
A5判312頁
本体2800円

御者《エル・コチェーロ》
をめぐるライブ対話
J・ブカイ／M・アギニス
八重樫克彦・由貴子訳
四六判312頁
本体2800円

＊表示価格は消費税を含みません。